おもてなし
デザイン・
パターン

インバウンド時代を
生き抜くための
「創造的おもてなし」の
心得28

井庭 崇　　中川 敬文

協力
慶應SFC井庭研究室＋UDS株式会社

はじめに

いま求められる「創造的おもてなし」

　「おもてなし」という言葉を聞いたとき、自分に関係があることだと思う人はどのくらいいるでしょうか？ ホテルや飲食店など、接客の現場で働いていない限り、多くの人は「自分とは関係がない」と思うはずです。確かに、いわゆる伝統的な「おもてなし」の作法をビジネスの現場で活かすといっても、なかなかイメージが湧きにくいかもしれません。では、これはどうでしょう。

　自分たちが提供するもの・ことだけでなく、属する地域・分野全体の価値を高めることも視野に入れながら、自ら考えて動き、チームや周囲の人たちと連携して、心に残る経験をプロデュースする。

　こう言われれば、自分の仕事にいま必要なことだ、と感じる方も多いのではないでしょうか。これこそが、本書が提唱する「創造的おもてなし」です。未来に向けて守っていくべき伝統としての「おもてなし」に加えて、自ら考えつくっていく＝クリエイティビティを発揮する「創造的おもてなし」について、接客業・サービス業においても、それ以外の多くのビジネスの現場においても、よりよい成果を導くために必須の心得としてご提案します。

　本書を読めば、接客業・サービス業の方は、いますぐ実践できるコツを得ることができます。またビジネスマンの方は、クライアントの満足度を高め、リピート受注や新規営業案件の獲得につながる「創造的おもてなし」の心得が、どんな仕事においても有要であると理解できると思います。

　まずは、このような考えに至った背景として、私（中川）がUDSという会社を経営するなかで日々感じている、ある危機感についてお話しします。

はじめに

日本のおもてなしに対する危機感

「インバウンド時代がやってくる」と聞いて、否定する方はいないと思います。日本のインバウンド数（訪日外国人観光客数）は年々増加しており、政府も2020年に4,000万人、2030年に6,000万人のインバウンドを呼び込むことを目標に掲げていることは、ご承知の通りです。

私は、「事業企画」「建築設計」「店舗運営」を行うUDSという会社の代表として、まちづくりのお手伝いからホテル・飲食店などの施設運営までさせていただくなかで、様々な角度から「インバウンド時代」へ向かう流れを日々感じています。ホテルや飲食店の顧客に占めるインバウンドの比率は年々上がってきており、今後も増加の傾向は加速する見込みです。

また、地域の活性化のお手伝いをさせていただくことも多いのですが、どこも共通して人口減少が大きな課題です。人口が流出・減少することによる経済的ダメージを補填するためには、その地域に住む人＝定住人口ではなく、その地域を訪れる人＝交流人口を増加させていく必要があります。

そしてそのためには、インバウンドという大きなボリューム層は無視できません。地域を訪れ、お金を落とし、地域経済を潤してくれる可能性の高いインバウンドを対象とした観光業は、日本の産業においてますます重要になっていく……その意味で、「インバウンド」はここ数年、私にとって最大の関心事の一つでした。

あるとき、某観光案内所の魅力向上のお手伝いをさせていただいた際に、6カ国の外国人の方を集めて意見を聞くワークショップを開催しました。アメリカ、イギリス、フランス、スペイン、ベルギー、中国から集まった参加者に、ふと聞いてみた「日本

はじめに

のおもてなしについて、あなたはどう感じる？」という問いに対する答えに、強い危機感を持ちました。彼らいわく「日本人は知識が豊富でたくさんのことを教えてくれるので助かるが、ウェルカム感が感じられない」というのです。

　政府が目標に掲げる数字から見ても、日本の各地域の経済を持続させていくという点から考えても、日本が生き残るためには、インバウンドに対し、いかにして日本の魅力を伝えて、実際に訪れてもらうかを考えることは必須です。ですが、現状、彼らが受け取る日本のおもてなしに対する印象は、必ずしも好印象のものばかりではないようです。多くの人は、これまで通りいわゆる日本人らしい控えめな姿勢を徹底し、外国人の方に対しても同じまま接しているのではないかと、ふとした気づきがありました。

　そしてまた別の頃、高校生を対象にキャリアの授業をさせていただいたことがあります。その際に「インバウンド」という言葉に対するイメージを聞いてみたところ、彼らから返ってきた答えは「爆買い」だったのです。メディアの影響力を思い知るとともに、彼らの理解と現状とのギャップがあまりにも大きいことにショックを受けました。これからの日本の経済・産業を支えていく彼らは、インバウンドを対象にした観光業が今後の日本の主要産業として重要になっていくであろうことや、日本が外国の方々からどのように受け取られているかについて、おそらく正しく把握できていないのです。これは学生に限ったことではなく、自社の社員も含め、多くの日本人が同じ状況に陥っている可能性がある。そのことに対する危機感が募りました。

　このような現状は、会社の経営者として、また地域のお手伝いをさせていただいている一人として、決して他人事ではありません。訪れた方に日本の良さを知ってもらい、また来たいと思っていただくためには、日本人の美徳とも通じる控えめな

おもてなしのあり方だけに固執せず、おもてなしの考え方自体を、今の、そしてこれからの時代に即したものにアップデートしていく必要性があると思います。

それこそが、冒頭で示した「自分たちが提供するもの・ことだけでなく、属する地域・分野全体の価値を高める」こと、そして「自ら考えて動き、チームや周囲の人たちと連携して、心に残る経験をプロデュースする」ことにほかならないのです。これからの時代に求められる「創造的おもてなし」の根底を貫く心構えは、サービス業・接客業のみならず、すべてのビジネスマンにも必須であると言えるのではないでしょうか。

運営現場に見る「創造的おもてなし」の萌芽

このような危機感がある一方で、運営の現場では小さいながらも、これまでのやり方とは異なる「創造的おもてなし」の手応えを感じてもいます。

私たちの会社では、フラットな組織・風通しのよい組織を目指しています。社内では運営スタッフを「自ら行動する人」の意味で「アクター」と呼び、またホテルなどの運営の場においてよく見られるような、一人が一つの業務範囲のみを担当するというかたちではなく、一人で複数業務を行う「マルチアクター」という働き方を採用しています。例えば、レストランが忙しいときには、ホテルのフロント担当者が手伝う、というようなことです。これは、その場での判断を個人に委ねているというメッセージの表れでもあります。その結果、一般的なシティホテルの接客とは少し異なる、（もはや家族や友人に接するような）フレンドリーな接客スタイルが浸透してきています。海外のお客様が買い物でお困りになっていたら、自分の持ち場は別のアク

はじめに

ターに一旦任せて、一緒に買い物先までつきあう。あるいは、久しぶりに利用してくださったお客様に、「いらっしゃいませ」ではなく、「おかえりなさい、お待ちしていましたよ」と声をかけると、近くにいる方も巻き込んでちょっとした雑談がはじまる、といった取り組みを日常的に繰り返すうちに、通常のホテルであればリピート率の平均が20%以下ほどとも言われるなかで、あるホステルではリピート率が50%を超えました。

また、まちづくりの会社としては、地域にひらかれた場づくりを通して、お客様にもまちの人にも喜んでいただくことを目指しており、現場で働くアクターたちには積極的に地域と関わることを求めています。ホテルアクターたちには「地域のツアーガイド」を、飲食店アクターたちには「地域の祭りやイベントの企画・マネジメント」を、それぞれ業務として組み込む事例も出てきています。

さらに、社員一人ひとりに対しては、個人としてのビジョンを持つことを強く求めています。それぞれのビジョンと会社の方向性が重なるところで、自ら考え挑戦することを歓迎する風土が根付いており、実際、現場のアクターのなかには、アートキュレーションのスキルを活かしてホテルの価値を高めたり、趣味である魚突きを活かしてホテルのレストランの特徴とするために漁師の免許を取ったホテルアクターもいたりします。このような動きを会社として推奨しており、「会社員である前に一個人としてどうありたいか」を考え、「そのための実践を、働く現場でできる」という、自分らしい働き方を実現するための土壌を整えています。一人ひとりがいきいきと働く様子は、そこを訪れるお客様の居心地の良さや安心感にもつながり、結果的にお客様をもてなすことにつながっているのです。

これらの動きはまだ小さいものではありますが、個性を際立たせるサービスのあ

り方や、自分たちの施設名ではなく地域名を主語にして地域の視点で語るというあり方のなかには、これからのインバウンド時代に必要な「創造的おもてなし」の可能性を感じています。この動きを、社内全体にはもちろんのこと、それにとどまらず、地域に広めていきたいという思いから、本書をつくりました。

すべての人に「創造的おもてなし」を

　本書では、「創造的おもてなし」を実践し、自分らしい働き方をつくってきたアクターたちの実体験をもとに、後述するパターン・ランゲージの形式でその心得を記述しています。本書の目的は、第一に、サービスの現場で働く方たちにとって、どのような心構え・やり方であれば目の前の多様なニーズを持つお客様に満足いただけるかを考える際のヒントとして役立つことです。

　そのため、内容はあくまでサービス業や観光業に寄せたものになってはいますが、その一方で、そういったこととは直接関係の薄いビジネスマンの方たちにとっても、日々の業務のこととして読み替えて活かすことができるようになっています。サービス業・接客業ではないビジネスマンの方たちが、「サービスの現場で実践されている、これからの時代に合った創造的おもてなし」のやり方からヒントを得て、「創造的おもてなし」の心構えを持って日々の業務にあたっていただけるようになることが、本書のもう一つの目的です。実際、UDSには不動産の企画者や建築の設計者をはじめ、多種多様な職種の社員がいます。サービス業、接客業に限らず、「創造的おもてなし」の必要性について、日々身をもって実感しているところです。

　「創造的おもてなし」について、多くの人にとってそれが自分ごとであると感じら

はじめに

れるように、パターン・ランゲージという手法を採りました。その制作にあたっては、以前から懇意にしており、本書の姉妹編である『プロジェクト・デザイン・パターン』の制作でもご尽力いただいた、慶應義塾大学 井庭崇教授と井庭研究室にご協力いただきました。現場の最前線で働く方々にとってはもちろん、地域で活動されているリーダーの方、そしてすべてのビジネスマンにとって、それぞれの業種・分野に関わらず応用できるような内容にまとめています。

　本書はまず、第一部において、コンシェルジュの第一人者で地域の観光活性に向けて活動されている阿部佳さんと、インバウンドビジネスの第一人者で様々な企業・自治体のインバウンドコンサルティングをされている村山慶輔さんをお招きし、井庭先生と私の4名で行ったトークセッションの内容を収録しています。そのなかで、阿部さん・村山さん両名から、「インバウンド」「観光業」「おもてなし」に関する日々の実践についてのお話や、そのなかで感じたり考えたりしていらっしゃることを語っていただき、これからの「創造的おもてなし」についての可能性を議論しました。

　第二部では、私たちUDSの運営するホテル及び飲食店の現場で日々「創造的おもてなし」を実践するアクターへのインタビューをもとに作成した「おもてなしデザイン・パターン」をご紹介しています。28個のパターンは、順番に読んでいただいても構いませんし、気になるところや、必要そうなところをつまみ食いするように読んでいただくこともできるようになっています。

　そして第三部では、第二部でご紹介したパターン・ランゲージを、みなさんの日々の実践に取り入れていくための参考として、活用方法・事例をご紹介します。

　本書を作成するにあたり、トークセッションにご参加いただいた阿部さんと村山さんに、この場を借りて、お礼を申し上げたいと思います。お二人のおかげで、こ

れからの時代に求められる「創造的おもてなし」という考え方を、観光業やサービス業はもとより、それにとどまらずにどの職業においても必要な心構えであると、改めて強く感じることができました。心より感謝いたします。

　本書を通じて、サービスの現場や日々のビジネスの現場において、これからの「創造的おもてなし」についての議論や実践が増えていき、日本全体がこれからの厳しい時代を生き抜いていくために自らの魅力を高められれば、これ以上幸せなことはありません。

中川敬文

目次

はじめに ―――――――――――――――――――― 2

第一部

トークセッション（阿部×村山×井庭×中川） ―――― 13
これからのインバウンド時代を生き抜くために、
日本の「おもてなし」はどう変わるか

   1. 基本は「相手の気持ちで考える」こと ―――――――――― 16
   2. 相手の求める情報の伝え方ができているか ――――――― 25
   3. 自分の外側で起きていることを知る ――――――――――― 29
   4. プロであろうという意識が、プロであり続けることの条件 ―― 35
   5. お客様を"面"で迎え入れる ――――――――――――――― 37
   6. 過去の経験に、相手の気持ちになるためのヒントを見る ― 43
   7. パターンは、きっかけをつくるトリガーである ――――――― 46
   8. 地域の魅力と、外部の目 ―――――――――――――――― 47
   9. AIと共存する未来 ――――――――――――――――――― 51
  10. 「自分ごと」の意識と、地域の旗振り役 ――――――――― 53
  11. どんなことでも面白がれる強さ ―――――――――――――― 56
  12. 自分たちが住みやすくした結果としての魅力 ―――――― 61

  [解説] 経験則を共有するパターン・ランゲージ ―――――――― 63

第二部

おもてなしデザイン・パターン
   おもてなしデザイン・パターンの読み方 ―――――――――― 71

おもてなしのデザイン ――――――――――――――――――― 77
   No.1　創造的おもてなし

A：お客様との心地よい関係性を築く
   お客様を知る ――――――――――――――――――――――― 81
     No.2　相手の気持ち
     No.3　その人への興味
     No.4　語りたくなる声かけ

居心地のよいホームをつくる ― 88
- No.5 フレンドリー＆ポライト
- No.6 キャラを立てる
- No.7 フレッシュな心持ち

心に残るサービスを提供する ― 94
- No.8 もてなされ研究
- No.9 もうひと手間
- No.10 チームごと

B：地域・分野の魅力を引き出す

地域・分野を知る ― 101
- No.11 面で迎える
- No.12 好きから入る
- No.13 面白がり力

魅力的に紹介する ― 108
- No.14 裏側のストーリー
- No.15 自分なりのおすすめ
- No.16 ローカルな楽しみ方

心に残る経験をプロデュースする ― 114
- No.17 偶然を楽しむ余白
- No.18 出会いのデザイン
- No.19 ひとつながりの経験

C：地域・分野のこれからをともにつくる

地域・分野とつながる ― 121
- No.20 想いの発信から
- No.21 ご近所からの歓迎
- No.22 多業種のつながり

目次

新しい魅力・価値を加える — 128
- No.23　雑談からの発想
- No.24　外から見た良さ
- No.25　価値の増築

地域・分野全体を盛り上げる — 134
- No.26　魅力の持ち寄り
- No.27　みんなでつくる
- No.28　世界へのアピール

6人の場合 — 141
山森 薫 / 高田 和大 / 櫻井 暁子 / 上田 聖子 / 上田 祐一郎 / 谷川 静香

第三部

おもてなしデザイン・パターンの活用に向けて
- おもてなしの実践の可視化と把握——経験チャート — 156
- 経験の交換と蓄積を促進する——対話ワークショップ — 162

おわりに — 171

第一部

トークセッション

これからのインバウンド時代を
生き抜くために、
日本の「おもてなし」はどう変わるか

第一部

TALK SESSION

阿部 佳（あべ けい）

グランドハイアット東京 コンシェルジュ
明海大学 ホスピタリティ・ツーリズム総合研究所所長

東京都生まれ。慶應義塾大学 社会・心理・教育学科 教育学専攻卒。卒業後、株式会社パルコ（PARCO）勤務を経て、ソニー創業者である故・井深大氏が創設した財団法人幼児開発協会（現 公益財団法人 ソニー教育財団）に入社。企画室長として母親・乳幼児教育の開発や研究に携わる。その後ヨコハマグランドインターコンチネンタルホテルにコンシェルジュとして入社し、1997年にはレ・クレドール インターナショナルの正会員に（2014年より名誉会員）。著書に『わたしはコンシェルジュ』（講談社）『お客様の"気持ち"を読みとく仕事 コンシェルジュ』（秀和システム）『もっと前へ、日々進化 コンシェルジュの仕事道』（清流出版）。

村山 慶輔（むらやま けいすけ）

株式会社やまとごころ　代表取締役兼
インバウンド戦略アドバイザー

神戸市生まれ。米国ウィスコンシン大学マディソン校卒。卒業後、インドにて半年間のインターンシップの後、アクセンチュアに入社。地域活性化プロジェクト、グローバルマーケティング戦略等に従事。2007年にインバウンド観光に特化したBtoBサイト「やまとごころ.jp」を立ち上げ、企業・自治体向けに情報発信、教育・研修、コンサルティングサービスなどを提供。インバウンドの専門家として講演・執筆活動やメディア出演も多数あり。共著に『インバウンドビジネス入門講座　第3版　訪日外国人観光攻略ガイド』（翔泳社）など。

TAKASHI IBA
井庭 崇
慶應義塾大学
教授

KAY ABE
阿部 佳
グランドハイアット東京
コンシェルジュ

TALK SESSION

KEIBUN NAKAGAWA
中川 敬文
UDS株式会社
代表取締役 社長

KEISUKE MURAYAMA
村山 慶輔
株式会社やまとごころ
代表取締役

日本の「おもてなし」はどう変わるか

地域活性からビジネスの現場まで、
すべての人にいま求められるマインドセット

第一部

TALK SESSION

これからの時代を生き抜くために、「おもてなし」はどうあるべきか?
「相手の気持ちで考える」「チームで連携する」「自分ごととして行動する」…
突き詰めた結果、見えてきたのは、おもてなしとビジネスとの共通項でした。

1. 基本は「相手の気持ちで考える」こと

中川　私たちUDSは、「事業企画」「建築設計」「店舗運営」を通してまちづくりのお手伝いをしている会社です。住民が集まり、自由設計で住まいづくりをする「コーポラティブハウス」をはじまりとして、「CLASKA[1]」や「キッザニア東京[2]」などを手がけてきました。最近では「MUJI HOTEL BEIJING[3]」も手がけさせていただき、国内外で7つのホテル、ホステルを、企画から設計、運営まで一気通貫で行っています。[4] 地方自治体からご相談をいただくことも多く、場づくりを通したまちの活性化をお手伝いしています。

　私自身も様々な地域に出向き、課題や困りごとを聞かせていただくのですが、まちづくりに関わると、必ず人口減少の問題につきあたります。定住人口一人あたりの年間消費額は124万円と言われていますが、それに対して外国人旅行客一人あたりの年間消費額は13万7千円です（図1-1）。社会の高齢化が進むなかで、日本人一人がいなくなる分の経済活動を補うためには、10人近い外国人旅行客を連れてこなければならないという計算になります。このことからも、これまでの経済を持続させるためには、多くの外国人を受け入れていく必要があることは自明です。日々の経営をするなかで、これからの日本の主要産業は観光業になっていくだろうと感じています。

---

1 CLASKA（2003）築34年のホテルをリノベーションし、「どう暮らすか」という問いに対する多様な答えを組み合わせたデザインホテル。
2 キッザニア東京（2006）子どもたちが楽しみながら社会のしくみを学ぶことができる日本初のエデュテインメントタウン。
3 MUJI HOTEL BEIJING（2018）良品計画提供の無印良品のコンセプトのもと、UDS及び譽都思が企画、内装設計、運営及び経営を手がけるホテル。
4 2018年12月現在

TALK SESSION

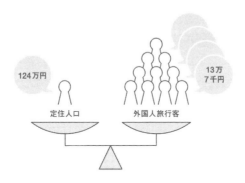

図1-1 国土交通省官公庁「観光交流人口増大の経済効果」（2013年）をもとに作成

　ただ、現状では、外国人旅行客が地方を訪れているかというと、まだまだです。仮に訪れたとしても、よいホテルや接客がなければ、リピートにはつながっていきません。情報発信も、受け入れ体制も、どちらの整備もまだまだというのが、実務のなかで日々感じている危機感です。
　観光業の話題と必ずセットで出てくるのが「おもてなし」に関する話です。日本のおもてなしは素晴らしい、おもてなしを世界へ！という言説ですね。私自身、そのことを否定するつもりはありませんし、日本人の心の表れや伝統としてのおもてなしは素晴らしいと思います。しかし、特に今の20代～30代の若い世代の人たちにとっては、おもてなしと聞くと、ついつい日本に古くからある伝統のように感じて身構えてしまうところがあるのではと思っています。外国人にとって、日本のおもてなしが本当に心地よいのか、という議論もあります。従来のおもてなしにとらわれず、もっとフランクに、自然体で日本の良さを発信していけたらよいのではないかと思っているところです。
　また、観光に直接関わらないような業種でも、特に若いビジネスマンにとっては、

第一部

TALK SESSION

今後ますます、国境を越えたグローバルな舞台が当たり前になっていきます。多様なバックグラウンドや価値観を持つ人たちと協働するときに、日本のよいサービスや日本人の所作、相手への思いやりは必要であり強みになっていくはずです。そのときもやはり、日本人としての気質に固執しすぎたり、それを言い訳にしたりしてはいけないと思っています。おもてなしの心は大切にしつつ、新しいひと・こととと出会う度に柔軟に対応していくことのできるしなやかさも重要になるだろうというのが、最近考えていることです。

今回は、阿部さんと村山さんから、これからの日本を生きる私たちは、外国人観光客にどのように接していけばよいのか、あるいは、グローバルに展開していく上で、ビジネスマンがどういう心持ちであるべきか、そのあたりのお話を伺いたいと思っています。阿部さんは、世界の一流コンシェルジュの組織「レ・クレドール」に名を連ねる、日本のコンシェルジュ界を代表される方です。その一方で最近では、実際に地方に行かれて、その地域に人を迎え入れるためのご指導もされています。村山さんは、10年以上前から「インバウンド」に注目して事業を興された、インバウンドビジネスの第一人者でおられます。現在も最前線で、インバウンド施策で様々な企業や自治体のお手伝いをされています。お二人からは、日々の実践のなかで感じていらっしゃる「インバウンド」や「おもてなし」、あるいは「観光業」に関するお話を伺えたらと思っています。

そして、共著者の井庭先生にもトークセッションに加わっていただいています。先生とは、『プロジェクト・デザイン・パターン』[5]でもご一緒いただき、UDS創業者の梶原の企画のコツをパターン・ランゲージのかたちで言語化していただきました。今回の書籍では、多くの人が活用できるように、UDSや私が考えている「日本のおもてなしの心得」を経験則として言語化してまとめていただいています。

早速ですが、まず阿部さんにお伺いしたいと思います。地域に人を迎え入れると

---

[5] 井庭 崇、梶原 文生（著）、『プロジェクト・デザイン・パターン：企画・プロデュース・新規事業に携わる人のための企画のコツ 32』翔泳社、2016年

TALK SESSION

いう文脈で、日本のインバウンドやおもてなしについてどのようにお考えですか?

阿部　私は、観光を活性化するとか、地域を活性化するということは、地域そのものから起こっていくべきことだと考えています。自分たちの地域の外側から、誰かが持ってきてくれるのを待つものではないということです。そうではなくて、内側から「こんなよいものがあるんですよ。ぜひ見てほしいから、味わってほしいから、感じてほしいから、来てくださいね」ということが起きていかないと、長続きしません。ホスピタリティも、そういう内側から湧き出るような"想い"からくるものであり、「何を、どんなふうに表現したら相手が喜ぶ」という決まりややり方があるものでは決してないのです。

　今、日本では、「ホスピタリティ（おもてなし）とはこういうものである」ということが明確にならないまま、言葉だけが独り歩きしてしまっています。ホスピタリティとは、あるいは、おもてなしとは何なのか、という一番根っこの心の持ち方を伝えられていないままで、「おもてなし、やりましょう！」「観光で外から人がきますよ」と謳っている状況です。

　それだと、地域にとっては、言葉も通じず習慣も違う人がやってきて無理な注文を出したり、ローカル・ルールを知らない人たちが混乱を引き起こしたりと、怖いことばかりが起こります。ものごとを決める立場の人が、なんとなく便利でそれらしい「おもてなし」という言葉のイメージを利用して、表面だけを整えている傾向があると思うのです。

　「観光で地域を活性化」と聞くと、いまの時流に合っていて面白そうとか、ビジネスとして成功しやすい領域だとか、そういう次元で考える人が多いように思います。しかし実際は、面白そうとか成功しそうとか、そういう次元の話ではありません。それをやらないと、日本が立ち行かなくなるのです。このままでは生きていけない

第一部

TALK SESSION

という、ある意味での適正な危機感……そういう危機感が多くの人に伝わっていない現状に問題を感じます。

　また、いかに日本が観光に向いている国であるか、ということも多くの人にきちんと認識されていません。どの地域だって自慢できるものを持っているのにもかかわらず、です。山も海も川もあり、豊かな四季があり、食材も豊富。火山があるために多様性があって、独自の歴史や文化があります。見ようと思えば流氷もサンゴ礁も一日で見られるコンパクトな国で、交通の利便性も抜群です。そういう自己評価をきちんとして、観光立国として整備していく動きがもっとあってよいはずです。

　そして、冒頭で申し上げたように、「観光や地域活性は、外から持ち込まれるのを待つものではなく、地域の中からはじまること」であるというのも伝わっていません。適正な危機感と日本の強み、そして自分ごと化の重要性。これらのことを、広く一般の人たちに伝えたいという思いで、日々活動しています。

　先ほどから観光の話をしていますが、私にとって「観光」とは、今あるものを、どう説明して、ストーリーをつなげて、どんなネットワークのなかで見せるのか、ということです。つくり込みをしすぎてうまくいく試しは、まずありません。**大切なのは外から持ってきたもので新しくつくることではなく、今あるものをどんなふうに伝えるのかということに他なりません**（▶Pattern No.25 価値の増築）。

　そしてそのときに一番大事なことは、相手の気持ちになって考える、ということです。自分が今しようとしていることの先にいる相手は、それに対してどう思うか？ どう感じるか？ ということは常に考える必要があります（▶Pattern No.2 相手の気持ち）。今は現実に、独りよがりなことが起きています。田んぼの真ん中に英語の看板が立っているのを、海外からわざわざ来た人たちは見たいと思いますか？「相手の目で見る・相手の気持ちで考える」という考え方に、日本中をひっくり返さないといけないと思っています。あなたがやっていることは、誰のためですか？ ということ

TALK SESSION

に尽きます。

村山 阿部さんにとても共感します。私自身は、インバウンドの専門家として、各地域の戦略立案から商品造成、各種プロモーションを支援したり、外国人観光客へのおもてなしの現場を見たりしていますが、そのなかで最も重要だと思うのは、「誰をお客様にするか」ということと、その上で「相手を知る」ということです。

「誰をお客様にするか」ということに関しては、多言語対応の事例がわかりやすいと思います。外国人観光客を地域に呼び込む際に、多言語対応は大切です。しかし、10言語、11言語……と言語数をやみくもに増やしていくとパンフレットをつくるにも、コストがかさんでしまいます。ウェブサイトやスマートフォンなら言語が増えても切り替えるだけなので見せ方的な問題はありませんが、街の看板や標識などの場合、見栄えも悪くなります。

また、一度言語を増やしてしまうと削ることが難しい、という問題点もあります。例えば、インドネシアの対応をしていたとして、あとから何らかの事情によりそれを外してしまった場合、「インドネシアの方はもう来ないでくださいということですか？」と受け取られてしまうリスクがあります。このように、戦略のない地域や施設は、お客さんを全方位で受け入れようとしがちですが、「全方位で誰でも受け入れる」ことがおもてなし、というのは違うと思っています。全方位ではなかなか個別のお客さんを満足させることができないし、地域などの受け入れ側としてもハッピーではないケースが多いです。その地域、その施設で、誰をお客さんにするかを定めることが大切です。

その上で、「相手を知る」ということですが、これについては、その地域や施設が「この国の人をお客さんにしよう」と決めたら、今度はその国にはどういうニーズがあって、どういう媒体で情報収集をしているのか、どういう宗教の人なのか……など幅

第一部

TALK SESSION

広く、かつ、深く考えていくことが大切になります。

　例えば、実際にあった話ですが、ある中国人のお客様が、一泊二食付きで一人5万円程度する旅館に宿泊されたことがあります。その旅館では、朝食は7時からのみでそれ以外の時間には提供できない、おかゆが欲しくても出せないなど柔軟さに欠けるところがあり、中国人のお客様は不満を口にしていました。旅館ならではの決まりごとや、融通の利かない部分があったりするんですよね。安い旅館であればそこまで気にしないかもしれませんが、一泊5万円となると期待値は高くなりますし、個別リクエストに対しての柔軟な対応を求めたくなるのが通常です。

　これまでのように、日本人だけを相手にビジネスをするのであればよいかもしれません。しかし、今後世界からの観光客も相手にビジネスの守備範囲を広げていくのであれば、「相手を知る」ところからはじめ、多少合わせていくことも必要になってくると思います。

　ちなみに外国人の方は、日本人に比べて個別リクエストが多い傾向にあります。

パーソナライズ欲求・カスタマイズ欲求が強いということですね。ダメもとで交渉してくる人も多いですし、我々日本人の想像の範囲を越える要求も多々あります。

　私は学生時代、アメリカに4年ほど住んでいて、そのときに、顧客の99％がアメリカ人の寿司レストランでアルバイトをしていました。そこでは様々なカ

TALK SESSION

スタマイズ要求をお客さんからいただき、例えば、巻き寿司ひとつとっても、「しゃりはいらないから海苔と具だけで欲しい」とか「海苔の見た目が嫌だから、しゃりを外にして巻いてて欲しい」とか、寿司の固定概念がある日本人からしたら全く意味のわからないものもありました。ただこういう発想だから、カリフォルニアロールのような、新たなものが生まれてくるんですよね。こんなふうに、外国人にとっては、パーソナライズ欲求・カスタマイズ欲求に対応してもらえてこそ、素敵なサービスなのです。さらに言えば、そうであってこそ高いお金を払ってもよいサービスになります。

　グローバルにやっていく上では、地域の思いも踏まえて、まず誰をお客様にするかを考える。その上で相手を知り、戦略・方針を決めていきます。健康上または宗教上の食事制約のようにボトルネックになり得るものは対応し、逆に施設のコンセプトなど「ここは譲らない」というところは守っていく。その線引きのバランス感覚が大切になってくるのではないでしょうか。

井庭　ひとえに「インバウンド」と言っても、実に多様ですものね。日本では「外国人」ということで、欧米の人もアジアの人も、一括りにしてしまいがちです。言語対応がされていれば、ウェルカム感は感じられるかもしれないですが、実際に各店舗がすべての言語に対応できるかと言えば、必ずしもそうではないですし。言葉の問題だけでなく、文化的なところまで理解していないと、本当のウェルカムにはなりませんよね。

中川　世界のなかで見たときに、日本のおもてなしが独りよがりになってしまっているのでは、と感じたことがあります。そのきっかけは、ヨーロッパからアジアまで、6カ国の人たちを集めて日本の観光に対する意見をヒアリングしたときのこと

TALK SESSION

です（図1-2）。「日本のおもてなしはどうですか？」と彼らに聞いたところ、フランスやスペインの人からは、ネガティブとまではいかないまでも「知識と情報は素晴らしいので役には立つが、ウェルカム感が感じられない」という意見が挙がったのです。情報は手に入るものの、出迎えられたという感じがしない、ということでした。スペインでは、何よりもまず「よく来てくれた」とハグをするというのです。

観光というと、どうしても表面的な情報整備に走りがちですが、来た人がどう感じるかと考えることはとても大事だと思った出来事でした。先ほどの阿部さんの「誰のために」という話に通じるところがあると思います。

図1-2　某観光案内所の改修に向けてアイデアを募った外国人ワークショップの様子

TALK SESSION

2. 相手の求める情報の伝え方ができているか

中川 「相手の気持ちで考える」というのは、多くの人が幼い頃からずっと周りから言われていることのはずですし、「自分はできている」と思っている人も多いと思います。ですが、本来は誰にでもできるはずのことが、できていないという現状があるのも事実です。「相手の気持ちで考える」ということをできなくしているのは、一体何なのでしょうか？

阿部 ひとつは単純で、ほとんどの場合「相手」は知らない人、つまり「他人」だからではないでしょうか。サービスや観光を生業にしていない普通の人は、自分とは関係のない他人に対して親切にする必要は必ずしもないですよね。でも、こと観光に関しては、初めていらした方や、初めてお会いした方を含め、「よく知らない相手」に楽しんでいただく、という仕事ですから、そこには他人という存在が不可欠で、その人たちがいてくださらないとビジネスとして成立させることができません。当たり前のことですが、そういうことが認識されていないために、サービス業や観光業に携わる人の多くが「相手の気持ちで考える」ことを実践できていないのではないでしょうか。

　それともうひとつ、日本では、「慮ること」とか「以心伝心」、あるいは「察すること」、そういうことは「よいこと」だと認識されていますが、それを表現するとき、「控えめ」で「慎ましい」のが美しいということも、私たち日本人には刷り込まれています。その刷り込まれた価値観によって、日本人は表現の仕方がはっきりしない、わかりにくい傾向にあると思うのです。いつでも控えめになってしまうと伝わりにくいこともありますよね。多くの人が思い当たると思います。

　でも、世の中が急速にグローバル化するなかで、私たちが接する相手は日本人だ

第一部

TALK SESSION

けではなくなりました。どうすれば伝わるか、という部分は、目の前の相手によって変えていかなければいけない時代になったのです。つまり、表現の仕方をそれぞれの相手に伝わりやすいように使い分けられるようにならないといけないのですね。別の言い方をすれば、相手にとっての"親切"は、相手によって違う時代になってきているということです。そのことを理解しないまま、やり方・伝え方を変えない状況がいまの日本です。それでは、相手の気持ちにはいつまでもなれません。

　最近、あるアメリカ人女性から「同僚から突然ランチに誘われて、気味が悪い」と言われたことがありました。よくよく話を聞くと、彼女は先日その同僚の翻訳を手伝ってあげたのだそうです。「その翻訳のお礼だと思う」と伝えるも、「それなら『昨日はありがとう、お礼に僕がランチをおごるよ』と言ってくれないとわからない！」とのこと。わざわざ口にせず、さらっと、粋(いき)にご馳走したい、そこは察してくれるよね……という感覚は、日本人同士でしたらわかるかもしれませんが、彼女は「気味が悪い」と感じた。それくらい、異なる文化やバックグラウンドを持つがために、人によって伝わり方は異なるということです。

　地域についても同じことが言えます。誰にどう感じてほしいのか、そのためにどう伝えるかについて、きちんと考え行動することが必要です。誰かが旗を振らないと、強いリーダーがいないと、変わっていかないことなのかもしれません。その意味で、先ほどは「地域活性は地域の中から」と言いましたが、一方で「**よそ者**」**の目が必要であることも事実です。他者の知恵がないと、自分たちだけでは考えきれないかもしれないし、ユニーク性があっても気づけないかもしれません。他者も交えながら、自分たちのユニークネスを整理することが必要になってくると思います**（▶Pattern No.24 外から見た良さ）。

村山　発信する内容の面白さ・ユニークさと同じくらいに、それを伝わるように相

TALK SESSION

手の気持ちで考え、工夫して発信する努力も重要ですよね（▶Pattern No.28 世界へのアピール）。全く知らないもの、あるいは興味がないものは、どんなに歴史的価値があって素晴らしいものでも「ふ〜ん」で終わってしまいます。このような非常にもったいない事態を、相手目線で伝わる情報として事前に提供することによって変えていけると考えていて、個人的に「ツーリズム・ラーニング」と呼んでいます。例えば、中国人の方に「山口県」と言っても、知らない人が大半です。仮に知っていたとしても、他のエリアとの違いまではわかっていない。ただ、「長州」と言うと、幕末から明治維新の歴史のなかで知っていたり、強い興味を持っていたりする人も多々いて、全く反応が変わってくるんです。このことをきちんとわかっていて、中国人に伝わるように「長州」というかたちにして情報を発信していたら、山口県に対して、より興味を持ってもらえるようになるはずなのです。

中川 表現の仕方についての話が出ましたが、慎ましく・控えめであることをよしとする文化が日本には確かにあって、「そうじゃなくてもよいんだ、自分の個性を出してよいんだ」という風土は、組織づくりの側から働きかけ、つくっていく必要があると思っています。

　川崎のホステルの元支配人は、20代の女性なのですが、初対面の人に対して「ゆるく接する」ことをしていると言っていました。例えば、北海道から訪れたお客様に「鼻水って本当に凍るんですか！？」と話しかけてみる。あまりにくだらなくて、肩の力がふっと抜けちゃいますよね。そうやって、**相手をよい意味で「くずす」ことをしていくことで、親しみやすさを感じてもらい、リピートを獲得しています**（▶Pattern No.5 フレンドリー＆ポライト）。会社としてそのようにすべきだとは、一度も言っていません。彼女自身が、「ゆるい接し方があってもよいのではないか？」と考え、行動した結果です。

第一部

TALK SESSION

　彼女は前職のシティホテル時代を振り返って、フロントに入っているときは、「たとえ目の前で子どもが転んで泣いていても、駆け寄って助けてあげることができなかった」と言います。少々極端ではありますが、「ただひたすらチェックインをさばくことしか考えていなかった」そうです。今は、「目の前のゲストに対して、こうしたら喜ぶかな？こうしてあげたらどうだろう？と考え行動できることにやりがいを感じている」とのことです。「人の気持ちって、こうやって動くんだ」と実感できることは、次にまた「相手の気持ちで考える」ことの原動力になる気がしますね。「こう表現したら相手が喜ぶはず」と考えて行動する、それが実現できる土台として、会社がつくる風土が重要ということでしょうか（図1-3）。

図1-3　日々の接客風景（ON THE MARKSにて）

TALK SESSION

　また別のスタッフは、**お客様と接するときに、ホテルのブランドとしてではなく、素の自分で接する瞬間があると言い、そのことを「ファスナーをちょっとおろす」と表現しています**（▶Pattern No.6 キャラを立てる）。ファスナーの上げ下げの塩梅を、目の前のお客様によって調節していく、そういうスキルと心構えを応援できる風土は、これからの組織のあるべき姿の一つなのかなと思っています。

3. 自分の外側で起きていることを知る

村山　なぜ相手の気持ちで考えることができないのかと考えたとき、海外経験・異文化経験が少ないからというのも、やはり一つの原因だと思います。講演などで、年間50回以上は地方に足を運んでいるのですが、そのなかで、参加者の方々に海外経験について聞くこともよくあるんです。結果、プライベートはもちろん、仕事でも海外へ行ったことがない人、あるいは数回だけの人が多いです。

　私は、**インバウンド対応を考える方たちに対して、「自分が海外旅行へ行ったときに受けたサービスや対応で、よかったこと、悪かったことを整理して、よかったことを日本に来る外国人観光客にもしてください」とお伝えすることがよくあるのですが、海外に行ったことがないと、その気持ちもなかなかわからないなと感じています。海外経験や異文化経験がないと、相手の気持ちで考えようと思ってもギャップが大きすぎてしまいます。言葉や宗教、生活習慣なども大きく異なるので、なかなか想像力が働かないんですよね**（▶Pattern No.8 もてなされ研究）。

　改めて周囲を見渡してみると、子どもの頃や若い頃から海外・異文化体験をした方が、特にインバウンド分野で活躍している方にはとても多いと感じます。今後、長い目で見ると、若い世代への異文化教育が日本のインバウンドの発展の鍵を握る

TALK SESSION

のではないかと思えてなりません。

阿部　島国だからなのか、日本では常識の幅が狭いというのもあると思います。違うものがあるということや、人によって異なる常識があるということ自体、感じていない人が多いのではないでしょうか。そしてまた、世界から見たとき、私たちがいかに"異文化"であるか、ということにも気づいていないと思うのです。

井庭　海外に出て、日本や自分のことを知るということは、確実にありますね。僕自身の経験でも、ほかの国に住んでみて初めてわかったことはたくさんあります。短期間でも住んで生活してみる、というのは、違う次元の気づきが得られるものです。自分のこれまでなじんできたものとは異なる世界を体験することで、その国・地域の文化・感覚を知るとともに、日本人としての自分や、日本という国・文化のこともよく理解できるようになります。これまで「当たり前」だと思っていたことが、日本の外では必ずしも当たり前ではなく、それは特殊な一つのケースだったのだ、ということを痛感します。そういうわけで、そんなふうに住んでみるのもよいですし、旅行・出張でもよいですし、何はともあれ、海外に出てみるというのは、とても大切なことだと思います。

　でも、実際には、様々な理由で海外に行けない人もいるでしょう。そういう場合には、これまでの人生のなかでの「他者」との経験が大切になります。海外でなくても、日本の違う地域・町に住んだり来訪者と触れ合ったりすることにより、出会った人との視点や感覚の違いを感じて、他者の思いを想像する力を育んでいくことができるでしょう。

村山　そうですね。多様性を受容し、そのなかでどこまで経験できるかが鍵のよう

TALK SESSION

な気がします。よい面、悪い面を知って、いかにバランスを取れるかどうか。

中川　私自身は英語も話せませんし、それこそ海外経験もありません。それでもなぜこの本をつくっているか、本をつくってまで届けたいことは何なのか……それは「このままでは生きていけない」という危機感を抱くからにほかなりません。このままでは経営は立ち行かなくなると肌で感じます。それは自分の会社はもちろんそうですし、日本全体についても同じことを思っています。

　とある高校でキャリアに関する授業を担当したとき、20名の高校生に対して「インバウンドという言葉を知っているか」と聞いたことがあります。なんと、知っていると答えたのはたった2名でした。そしてその2名が「インバウンド」という言葉に抱くイメージは「爆買い」。多くの高校生はまだビジネスの現場もリアルも知りませんから、当然といえば当然なのですが、私自身が日々の経営のなかで感じている現実とのギャップがものすごく大きいのです。

　そこで今度は、高校生たちに、日本の主要産業に関するデータを見せます（図1-4）。「自動車」「半導体」「鉄鋼」「自動車部品」「インバウンド消費」の上位5つのうち、インバウンド消費以外は今後低迷していくことがほぼ確実です。「自動車も、半導体も、鉄鋼業も、今後は厳しい。そうなると残るはインバウンド消費のみ。インバウンド消費、すなわち観光業は、これからの日本の主力産業になるんじゃないの？」と伝えるも、いまいちピンときていないような反応です。10年、15年後には自分たちが必ず乗り越えていかなければならない課題であるにもかかわらず、です。

TALK SESSION

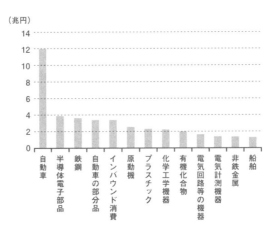

図1-4　財務省「貿易統計」、観光庁「訪日外国人消費動向調査」(2017)より作成

　このような認識は学生に限ったことではなく、大人にさえ「インバウンドは自分には関係ない」と思っている人が多いように感じます。危機感教育という言い方が正しいかはわかりませんが、学校の授業など、小さな頃からもっと現実・事実を見せていくことをしたほうがよいのではと思っています。

阿部　危機感については、私も機会があるごとに話すようにしています。日本はこれからどんな産業で生きていくんだろう？ 日本にある資源のなかで、これから売れるものってなんだろう？ と。たいてい多くの人はみんな初耳顔でぽかんとしていま

TALK SESSION

す。ただ、話す順序は重要だと思っていて、危機感からはじめるよりも、地域活性や観光の活性ということに興味を持ってくれた人たちに対して、「あなたが選んだこれって、実はすごく重要で……」と話すように気をつけています。

井庭 危機感を煽ると、人は硬直して固まってしまうんですよね。あるいは、そのことについて考えなくなったり、思考停止してしまったりします。僕は、学生時代、環境・エネルギー問題に取り組むグループで活動していたのですが、そのとき痛感しました。危機感だけを伝えても人は動けないのです。

しかしながら、希望につながる方法・道具がセットになっていれば、話は違ってきます。思考停止に陥らずに、考え出し、動き出すことができるようになります。だからこそ、本書の「おもてなしデザイン・パターン」のような未来への希望につながる道具立てが重要になるのです。危機感を伝えるとともに、そこから自分たちで改善していくためのきっかけとなる方法・道具も一緒に手渡すわけです。

逆に、そういう希望の方法・道具だけがあっても、人は動きません。それをわざわざやろうという根本的な動機がないからです。そこで、現状についての認識をしっかり持ち、生き抜くためには、何かを変え、自分たちも変わっていかないといけないんだ、ということを実感することが不可欠です。変わらなければという危機感と、希望の方法・道具は、いつもセットでなければならないのです。

中川 どう危機感に気づかせるか、というのは難しいところですね。現在、ある地方都市で商店街活性化の仕事をしているのですが、一番難しいと感じるのは、そこそこ豊かで、現状では特に困っていない人がいることです。彼らに商店街活性化の必要性をわかってもらったり、将来を見据えるとインバウンド施策が不可欠と理解してもらったりすることのハードルはかなり高いと感じています。

TALK SESSION

阿部 危機感がない人っていますよね。特に、経済的に豊かな地域に多いですね。「困っているから来てほしい」と言われてその地域に行ってみると、本人たちは「まぁ、そこそこ人は来るだろう」と実は内心思っていて、本気で困っていなかったという地域も多いです。そこは変えていかないといけないところですね。

中川 危機感を正しく持てる人、意識が高い人は永遠に一握りになってしまいますよね。

村山 「5年、10年先の将来を考えたら、今のままでは食べていけない」という危機感を持ち、打ち手を打っている経営者は、残念ながら一握りです。目先のビジネスにつながることしかやっていない経営者の方が多いと感じています。

　私自身は2007年からインバウンドビジネスに関わっていますが、そういう危機感を持てていない人たちの背中を押すためには、危機感そのものを伝えるよりも、ライバルの成功を見せる方が効果的だと思っています。先日、とあるキャンピングカー会社からインバウンド対策についての問い合わせがありました。平日の稼働が少ないなど経営的な課題を認識されていたというのもありますが、問い合わせの決め手

TALK SESSION

は、近くの同業者がインバウンド需要で潤っているから、ということでした。彼らにできているなら、自分もやりたい、何かできないか、と。

　もしかしたら根底では危機感にも通じる部分はあるかもしれませんが、ライバルの成功は経営者にとって面白くないものです。ちなみにここで重要なのは、等身大の事例であるということです。自分とは全く規模が違う地域や会社の成功事例をどれだけ聞いてもなかなか響きません。そうではなくて、等身大の事例、「自分にもできそう」というレベルの事例こそが、背中を押してくれるのではないでしょうか。

4. プロであろうという意識が、プロであり続けることの条件

中川　「危機感」や「組織」という、環境側からある程度働きかけていくことはできそうですが、やはり、相手の気持ちになって考えることは難しいことのように感じます。阿部さんはコンシェルジュとして「相手の気持ちで考える」ことを日々実践し続けていらっしゃいますが、相手を慮ることは、プロだからできることなのでしょうか?

阿部　プロでも、そうでない一般の方でも、「この地域に人が来てくれてうれしい」「あなたに来てもらえてうれしい」という気持ちは、誰でも持てるはずです。ではプロは何が違うのかというと、「その気持ちを持って、表現し続けられるかどうか」です。

　プロが「相手の気持ちで考える」ことをできているように見えるのは、それを、同じ高い水準で、ずっとやり続けているからです。いかに同じレベルでずっと続けるか、そこがプロと一般の方を分ける境目だと思っています。「プロであろうという意識」

TALK SESSION

以外に、プロであり続ける方法はないのですね。スキルはもちろん磨き続けますが、「この地域に人が来てくれてうれしい」「あなたに来てもらえてうれしい」という気持ち自体は、始めたときからも、プロでない方とも、少しも変わらないのです。その意味で、この仕事においてはプロってそんなに難しいことではないと思います。

井庭 継続できることがプロ、というのは本当ですね。イチローが打ち続けられることとも共通しているし、作曲家の久石譲が、プロというのはよい一曲をつくることができるということではなく、よい曲を継続してつくり続けられることなのだ、と言っています。様々な状況のもと、結果を出し続けられるということ、それができるのがプロだということです。

本書の「おもてなしデザイン・パターン」の記述方法であるパターン・ランゲージは、よいデザインやよい実践の秘訣を意識化・共有するための方法です。状況に応じて判断をするときに使っている経験則を「言語化」するものです。ここで「言語化」と言っているのは、経験則を単に文章として記述するということではなく、その経験則の一つひとつに「名前」（言葉）をつけるということを意味しています。つまり、よいデザインやよい実践について言及できるようになる「新しい言葉」をつくるということです。そのような言葉があることで、デザインや実践について考えやすくなったり、語りやすくなったりします。そして何よりも、よいデザインやよい実践の実現につながります。こうして、それを継続して実践するという習慣を形成することを支援します。

パターンは、ともするとスキルとかテクニックだと思う方がいますが、そうではありません。最近『対話のことば』[6]という、対話の本質をパターン・ランゲージのかたちにまとめた本を出したのですが、そこではパターンのことを「心得」と表現しました。いつも実践を支える「心得」を言葉にしたものなのです。

---

6 井庭 崇、長井 雅史、『対話のことば：オープンダイアローグに学ぶ問題解消のための対話の心得』、丸善出版、2018年

TALK SESSION

　「プロ」というのは単にスキルを持つ人のことではなく、そのもとになる心得をつかんで実践し続けられる人のことです。プロになる上ではもちろんスキルは大切ですが、本当に大事なのは、その実践を生み出す根本の心得です。つまり、物事に対する関わり方やあり方です。その継続の積み重ねによって、結果として人間力も高まっていくのです。

5. お客様を"面"で迎え入れる

―阿部さんにお聞きしたいのですが、コンシェルジュのときのおもてなしから、地域でのおもてなしにまで、つながっていることはありますか？ 阿部さんのなかではどのようなつながりがあるのでしょうか？

阿部　つながりというよりも、私にとっては、両者はまったく同じです。相手の気持ちに寄り添っているか、ということに尽きます。**よく言うのは、相手の立場に立つのでは不十分、ということです。相手の立場に立って自分が考える……その時点で、「自分」が考えているということから抜け出せていないのです。大事なことは、相手の立場に立つのではなく、あくまでも、相手の気持ちで考えるということ**（▶Pattern No.2 相手の気持ち）。

　コンシェルジュは、チームプレーです。その目的は、チームで、この人に喜んでいただく、安心していただく、少しでもより居心地よく過ごしていただく、もっと心地よく感じていただく……ということにあります（▶Pattern No.10 チームごと）。例えば、食事の案内をするにも、私たちがよいレストランをたくさん知っていることではなく、この人にとって何がよいかを考えることが大切です。

　地域に置き換えても全く同じですが、企業ではチームが見えやすいのに対して、

第一部

TALK SESSION

　地域ではチームが見えにくいのが難しい点だと感じています。地域におけるチームについて考えるなかで最近特に思うのは、「観光業」って何だ？ということです。何をもって観光業とするのか？ 観光客が有名観光スポットやお土産屋さん、ホテルでの体験だけを重視する時代が終わったいま、レストランだって、スーパーマーケットだって、服屋さんだって、「外から来た人を受け入れる」という点では、すべて観光業と言えるのではないかと思うのです。

　一軒のホテルだけをめがけて、外から人が来るわけではないですよね。**その周辺に面白いことがあるからこそ、その人は日本の、その地域に来るのです。お客様からすれば、その地域の人たち同士がつながっている＝「面で迎え入れる」ことができると、歓迎してもらえていることを感じられるのではないでしょうか。つまり、従来考えられていた「観光業」だけでは不十分で、その地域を構成するメンバー全員が「地域を訪れる人を迎え案内するチームのメンバー」なのです**（▶Pattern No.22 多業種のつながり）。

　コンシェルジュも地域も、チームとして、この人に喜んでいただくこと、安心して心地よく、より楽しんでいただくことが目的です。そしてその先のゴールは、その人がもう一度帰ってきてくださることなのです。もしくは、その人が自国に帰ったり別の国に行ったりして、「日本はよいところだよ」と他の人に伝え、別の人が来てくださることでもあります。

　観光におけるホスピタリティでは、その人か、その人の周りの人が戻ってきて、はじめて仕事をしたことになるのです。その意味で、コンシェルジュも地域も、規模やステージは全く違うけれど、つながっているし、私にとっては同じことです。

村山　相手の気持ちで考えると、自分だけでは相手の求めることを満たしきれないと気づきます。だからこそチームで連携する。相手の気持ちで考えれば考えるほ

TALK SESSION

ど、連携しなきゃ、となるのではないでしょうか。それから、阿部さんもおっしゃるように、最終的に大切なことは売上、つまり収益向上につながることですよね。リピートしてくれたり、口コミを広げてくれたりすることは次につながりますし、ビジネスとしてはそこがないと成立しません。

中川 おもてなしというと、何をもって成功したのか、うまくいったのか、何が正しかったのか……ということは判断しにくいですよね。その点、「その人か、その人の周りの人が戻ってきてくれるかどうか」というのは、一つのマイルストーンとして判断材料になると思います。そして、それはおもてなしの分野に限らず、営業や企画を行うビジネスマンにとっても応用できる考え方だと思います。同じクライアントから別の案件で依頼があった、というのは、仕事の一つの成果でもあるわけです。

井庭 そこに来てくれた人のそこでの「経験」がどういうものなのか、それをどう支えることができるのか、ということは、これからますます重要になると思います。

　僕は、大学教員として、よく「これからの教育」のあるべき姿について考えています。そのとき考えるのは、「これからの学校とはどういう場なのか」ということです。今やオンラインで授業を受けられる時代です。そういう時代にあって、学校という具体的な場は果たして必要なのだろうか、必要だとすると、それはどういう意味においてなのか？　そう考えた結果、僕が考えたのは、学校は「経験」の場であるということでした。商品デザインにおいて、「ユーザー・エクスペリエンス」（UX: User eXperience）が言われるように、これからの教育デザインでは、「ラーナー・エクスペリエンス」（LX: Learner eXperience）が問われることになるでしょう。ふつう、

TALK SESSION

　学校は何かを教わったり、勉強したりする場だと考えられているわけですが、僕は、学校は「経験」を深める場であると考えています。
　そして、単に何かを経験すればよいというわけではなく、どのような経験ができているのかが重要となります。これから重要となるのは、ずっと先生の話を聴き続けるという経験ではないでしょう。何かを調べ、考え、議論し、チームの仲間と何かをともにつくり上げる、というような多様な経験が考えられます。教師というのは、これからは、そのような経験をデザインし実現する役割を担うようになるのです。
　僕は、これからは「クリエイティブ・ラーニング」（創造的な学び）が中心になっていくと思っているので、何かをつくりながらその過程で学ぶという経験が積めるように、カリキュラムや授業、環境を整えていくべきだと考えています。[7]
　そういう意味で、「創造的おもてなし」というのは、観光に限らず、教育でも言えるなぁ、と思うのです。**その場に来てから帰るまでの流れとしてみたときにどういう経験ができるのか、トータルで見たときの経験全体をプロデュースする**（▶Pattern No.19 ひとつながりの経験）。そのためにも、一人で何かをするというのではなく、チームや周囲の人たちと連携しながら、「面で迎える」ということが重要になります。そういうことが観光だけでなく、他の多くの分野でも求められていると思います。

村山　いま、「面で迎え入れる」ということで、様々な動きが出てきています。「ゴルフツーリズム」や「アニメツーリズム」などといったテーマに特化した団体の理事を務めているのですが、その団体では、それぞれのテーマでつながる方々を横串にして「海外への情報発信」と「受け入れ環境の底上げ」、そして「地域連携」を行っています。
　例えば、「ゴルフツーリズム」というテーマについて言えば、北は北海道から南は沖縄まで、日本各地のゴルフ場がこの協会に参加しています。北海道のゴルフ場は、

---

[7] 井庭 崇（編著）、鈴木 寛、岩瀬 直樹、今井 むつみ、市川 力（著）、『クリエイティブ・ラーニング・創造社会の学びと教育』、慶應義塾大学出版会、2019年

TALK SESSION

冬季は積雪によりゴルフができなくなってしまうため、単体でゴルフツーリズムを売っても海外の方たちには響きづらい状況です。そこで協会全体として動いたところ、日本全体でくくると「日本は通年ゴルフができる」環境であるとして、海外ゴルファーに発信できるようになったのです。

また、「アニメツーリズム」のテーマで言えば、日本国内で88箇所のアニメの聖地を、外国人目線で選定し、協会がその情報を束ねて発信しています。発信と同時に重要なのが受け入れ環境で、地元の行政や商工会議所、民間事業者などを巻き込むことがポイントです。「アニメツーリズムでどうやって観光客を喜ばせ、お金を落としてもらうか?」ということを伝えるためにセミナーを実施したり現場に入ったりすることで、全体の意識の底上げをしています。

そういった発信や底上げをしていくことで、地域連携の意識も自ずと高まるようになるのです。「ゴルフツーリズム」や「アニメツーリズム」のように、何かテーマを設けることによって、面で迎え入れるということを具体化していくことが可能になっていくと考えています。

また、エリア単位でいうと、DMO (Destination Management/Marketing Organization) というのが増えてきていますよね。まさに広域で地域のマーケティングを行っていく組織であり、点というよりは面での取り組みが活動の根幹になっています。

いま私が注目しているのは、「東北インアウトバウンド連合」という地域の取り組みです。訪日客が日本全体の1%ほどしか足を運んでいない東北エリアを面で盛り上げようと、東北6県から民間企業の経営者などが集結し、東北の魅力を発信すると同時に、東北のどこに行っても、高いクオリティのサービスが提供できるように連携しています。

また、山形での取り組みとして、地域の旅館がお金を出し合い、「DMC天童温泉」という会社をつくっています。そこで共同販促をしたり、リネンなどの共同購入で

第一部

TALK SESSION

経費を下げたりして工夫しています。本来は競合同士ではあるのですが、それぞれで出資し合い、エリアを束ねることによって、結果的にそこを訪れたお客さんが全体を回遊していく動きが出てきています。

中川　沖縄・宮古島で開業したホテル「HOTEL LOCUS」は、「for island」というサービスフィロソフィーを掲げました。「ようこそLOCUSへ」ではなく「ようこそ宮古島へ」の気持ちを持ち、**島のために自分たちがいる、島があるから自分たちが存在する**、ということを意識づけたのです（▶Pattern No.11 面で迎える）。ホテル単体として売っていくのではなく、地域全体として魅力を発掘し発信していくというのは、面で迎え入れることの第一歩になります。実際、**そこで働くアクターは、ホテルのお客様を積極的に島での体験にまで誘い出し、地域の人を紹介してつないでいます**（▶Pattern No.18 出会いのデザイン）。お客様からは、「あのホテルに泊まったら、地域の人を紹介してもらえて、友だちができた」というお客様の声も複数いただいています（図1-5）。

TALK SESSION

図1-5　宮古島の様々な体験・アクティビティ情報が集まる「アクティビティラウンジ」にて（HOTEL LOCUS）

6. 過去の経験に、相手の気持ちになるためのヒントを見る

井庭　相手の立場に立って考えるだけでなく、相手の気持ちになって考えるということを実践するために、阿部さんは、どうやって「相手の気持ち」になるのでしょうか？

阿部　相手の気持ちを読み取ろうとすることは意識しています。ただ、それは推測することではありません。推測は、自分の思い込みでしかないですから。あくまでも「読み取ろうとすること」が重要です。**そのためにはいろいろな「手がかり」**が

TALK SESSION

必要になりますが、質問ではなく会話をするように心がけていますね。質問してしまうと、その答えしか得られません。「何人ですか？」「予算は？」では、ただの尋問ですよね。そうではなくて、あくまでも質問ではなく、会話をすることが重要です。「今日はどんな集まりですか？」「記念日ですか？」など、あちらが語りたくなるような会話を投げかけると、結果的により多くの手がかりが得られて、「読み取り」がうまくいく確率が上がります（▶Pattern No.4 語りたくなる声かけ）。

　お顔をどう読み取るか、というのも重要な手がかりです。ここで言うお顔というのは、単純にお顔の表情だけではなく、全身が出している表情という意味です。こちらが言ったことに対して、表情や声の感じがどう変わるか。対面のお客様でなかったとしても、電話でもメールでも、言葉のなかにある何かに敏感になることは、気をつけています（▶Pattern No.3 その人への興味）。

中川　そのような実践を、チームメンバーにはどのように伝承するのでしょうか。

阿部　「相手の気持ちで考えるとはどういうことか」をそれぞれが理解できる状態にもっていくためには、わざわざ新しいことを経験しなくても、今までの経験を掘り起こしていくことができればよいと思っています。ただ、そのためのヒントは伝えるようにしています。具体的には次のようなケースをみんなで考えてみるということをしています。

　例えば、お客様に対して、「このあとどこへ行くんですか？」と聞いたとします。○○というお店に行くとわかったら、「そのお店に行くなら、こんなよいものがありますよ」とか、「そこへ向かう道の途中にこんな面白いものがありますよ」とか、「そこのお店の人、知り合いなので電話しておきますね」とか、いろいろとできることがあるということがわかります。お客様からすれば、「今からこういう人がその店に行

TALK SESSION

くよ」という電話をしている、その姿を見るだけで、自分が迎えられている、受け入れられている、と感じるはずです。それは、点と点が線になるということです。「向こうに自分を待ってくれている人がいる」というだけで、そこに向かって歩いていくときの気持ちはどう変わるでしょうか（▶Pattern No.19 ひとつながりの経験）。

　メンバーと共有するときには、こういうことを考えるのが、「相手の気持ちで考える」ということだと感じ、気づいてもらいます。「どんな気持ちになってくれると思いますか？」「お客様は道も知っているし行き先も決まっているから、ほかにやることはない、というのは本当でしょうか？」と。それを繰り返して共有していきます。そうして、いかに相手の気持ちで考え、それに対して自分たちが何かできる機会がたくさんあるかを、各自が考えていきます。それぞれの経験を取り出して、みんなで考えていくことができるようになるのです。

井庭　パターン・ランゲージは、先人たちが持つ心得やコツを伝えますが、こうしなさいという押し付けではありません。一人ひとりが自分のこれまでの経験と照らし合わせて、必要だと思うものを自分で選んで実践することを支援します。そして、それをどういうときに実践するかを考えることを促します。具体的な話をあえて書かずに、「中空の言葉」にまとめているということは、そのような思考を促すためです。自分なりの具体的実践に、その人らしさが反映されるのです（図1-6）。

TALK SESSION

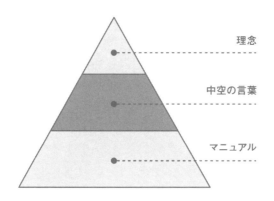

図1-6　理念でもなくマニュアルでもない「中空の言葉」

7. パターンは、きっかけをつくるトリガーである

村山　今までのお話を伺う限りでは、パターンはそれを活用することで、全体の底上げになると思いました。

井庭　そうですね、パターンを各自が実践したり、語り合ったりすることで、全体の底上げになると思います。
　ひとつ注意が必要なのは、パターンは経験の代替にはならないということです。それは、経験に向かったり語り合ったりするためのトリガーなのです。これは、別の例でいうならばこういうことです。「夏」という言葉を辞書で引けば、夏の語義・説明は理解できますし、夏について話すことは可能になります。でも、夏という季

TALK SESSION

節の体感や雰囲気、ワクワク感は、実際に経験しないとわかりません。

同様に、パターンも、「そういうことはよくあるよね」「そういうことが大切だよね」という語り合いを起こすためには使えますが、経験の代わりになるわけではありません。それでも、経験しないと大切であるという発想そのものが生み出しにくいので、パターンのような発想のきっかけが重要となります。その意味で、パターンはまさに底上げに使えるのです。

8. 地域の魅力と、外部の目

——中川さんは、地域活性のお手伝いをされる際に、「その土地のストーリーを知り、自分の言葉で外の人に向けて語るために、まずその地域の方を紹介してもらって会いに行くということを繰り返し、複数の方のお話を伺う」と以前におっしゃっていま

8 ここ滋賀（2017）UDSが企画、内装設計、運営業務を行う、滋賀県の交流人口増加を目指した情報発信拠点。

TALK SESSION

した。具体的に、どのようにその土地のストーリーを組み立て、企画にしていくのでしょうか。

中川　様々なご縁で紹介していただく方がたくさんいるので、とてもありがたいと思っています。ただ一方で、「この方から紹介してもらえる方には優先的にお会いしよう」ということは考えています。いろいろな人から紹介される人に会い続けることは、物理的にも限界がありますから、自分の価値観に合う方が紹介してくださる方に会うほうが、その方とも価値観が合う確率がかなり高いことを実感しています。ちなみに、村山さんから紹介してもらう人は絶対合うんですよ。阿部さんも村山さんからご紹介いただいたんですよね。

滋賀県のアンテナショップ[8]を企画したときのことですが、はじめは四方八方いろいろ聞いて回るものの、ストーリーが全くつくれなかったんです。それぞれの人、それぞれの話の価値観が全部違うからだと途中で気がつきました。その後、ご縁があって自分と価値観が近い方と出会い、その人から紹介してもらってからはとても早かったです。会う人、会う人、共通項があるんですよね。そうやって一つの入口から深く入っていくと、だんだんその地域のストーリーが見えてきました。

もしかしたら、それはごく偏ったストーリーかもしれませんが、自分が共感できて、自分の言葉で語れることには価値があると思います。誰でも語れるようなことを語るだけでは、自分がやる必要もないですよね。自分だからこそ熱く語れるストーリーを見つける・つくっていくということを大切にしています。

TALK SESSION

ー地域のリーダーの方に向けて、どう地域の魅力を発掘するか、歴史や資源をどう伝えるか、という点については、どのようなアドバイスができますか？

阿部　地域の魅力の発掘とその伝え方については、実際に提案していることがあります。その地域のよいと思うものを各自が持ち寄り、みんなで集まって、一度それらを全部机の上に出します。そのとき、必ず「なぜ」をつけます。なぜよいと思うのかを出し合い、それは自分にとってだけよいのか、みんなにとってよいのかを、話し合いながら整理していきます。そうやってみんなが出したものを整理していくと、地域の魅力とともに、「この地域に来てもらいたい人って、どういう人だろう？」ということも見えてくるようになるのです。そこまでクリアになると、地域の魅力の伝え方についても議論が進められます。

　持ち寄るとだいたいいつも、一人あたり20個くらいずつ、「地域のよいと思うもの」が出てきます。単に「景色がよい」ではだめで、「どこの」「何時の」景色が、「なぜ、よいのか」まで考えることが重要です（▶Pattern No.26 魅力の持ち寄り）。

村山　地域でいろいろなお手伝いをすることも多いですが、ワークショップをやると、確かに「地域のよいところ」はたくさん出てきます。でも、それはあくまで「地域のよいところ」がテーブルに並んだだけです。**その出てきたものをいかに編集するか、売り物にするかが大切で、そのプロセスに海外の方や海外旅行会社を入れるのは重要だと思っています**（▶Pattern No.24 外から見た良さ）。

　以前とあるプロジェクトで、インサイドジャパン・ツアーズという、欧米に強い旅行会社の方に、地域とのディスカッションに入ってもらったことがあります。彼らの強みは、単純な外国人目線ではなく、エンドユーザーのニーズを理解し、彼らにウケる商品にまで落とし込めて、かつそれを販売するチャネルを持っているとい

TALK SESSION

う点です。彼らに加わってもらったことで、一気に物事が進みましたね。そういう人を入れると、机上の空論に終わらず具体的なビジネスにつながるんです。

　要は「日本人だけでやらない」ということでしょうか。常に外国人の目線や、売り場最前線にいて消費者に近い人を入れるように、ということを伝えています。

中川　外からの目線をどう織り込むか、というのは、ホテルを経営するなかでも日々考えています。

　UDSには、ホテリエでありながらアートキュレーターとして個人でメディアに出ている人や、ホテリエの業務の傍らで漁師として魚を突き、獲れた魚をホテルのレストランで提供している人など、別の職能を掛け合わせて独自のポジションを確立しているアクターがいるのですが、彼らは、ホテリエとしてホテルのなかにいるだけでは得られなかった視点とネットワークを持っています（▶Pattern No.12 好きから入る）。彼らのような存在がいることによって、ホテルは、より地域の魅力を見つけたり、発信しやすくなったりしています。

　何より、他の職能と掛け合わせるという動きを会社として是としているのは、自分の「得意」を活かして働く彼らが、とても意欲的で、仕事を楽しんでいるからなのです。

　いまのサービス業には、組織が硬直化しており、個々人のキャリアの選択肢が少ないという根深い課題があります。より噛み砕いて言えば、例えば、ホテリエなら目指すべきは支配人の（ほぼ）一択である、という現状です。当然ながら、ピラミッドの頂点とも言える支配人になれるのは、その組織のうちのたった一人です。すると、「支配人を目指す」というキャリアのロジックからすれば、多くの人が脱落者となってしまうわけです。そのことが、「なかなか出世できない」という自分の社会的地位の低さのイメージを強め、働くモチベーションを削ぐことの要因となってしまうの

TALK SESSION

です。

　この状態が続くと、すでに起こりつつあることですが、ホテル・飲食店等のサービス業界の人材不足が加速します。今後日本の主要産業となるはずの観光業の担い手が外国人の方ばかり……ということにもなりかねません。日本の魅力を伝えるおもてなしを日本人ができないというのも変な話です。

　その点、「ホテリエ×〇〇」の「〇〇」を見つけ、伸ばし、仕事に活かしていくことは、支配人以外の多様なキャリアパスを見つけることになり、意欲を持続させることができます。別の職能と掛け合わせていくことは、ホテリエのキャリアの課題を解決する一つのやり方だと思っています。

　そして、ホテリエの仕事が面白くなれば、地方の仕事ももっと面白くなるはずです。感度が高く、仕事に自分らしさややりがいを求める若者が地方に戻ることも夢ではないと思っています。一度は東京に出て働いた若者が地方に戻れば、地域の中にいるだけでは気づけなかった魅力と改めて出会うなど、東京の目線も持って地方の魅力を伝えていくことにもつながるんじゃないかと考えています。

井庭　その考え方、すごくよいですね。これからの組織と働くことのあり方として、とても魅力的です。

9. AIと共存する未来

中川　阿部さんがおっしゃった「相手の気持ちで考える」という考え方は、あらゆるビジネスにとっても最も重要な心構えだと思います。

　少し前から、AI（人工知能）やICT（情報通信技術）の導入により「人間の仕事が奪

TALK SESSION

われる」あるいは「今ある職業の約半分はなくなる」などと言われていますが、私自身は、AIやICTと人間とで、うまく役割分担をして共存していけると考えています。そのときの人間の役割の一つとして、「相手の気持ちで考える」ことが残ると思うのです。目の前の相手に共感して、その人のためにどうしてあげようかと考えるのは、人間だからこそできる部分なのかなと思っています。

　地域もビジネスも、AIやICTを理由なく恐れたりせずに、もっと積極的に取り入れたほうがよいと思います。いまは、機械がやればよいことを人が頑張ってやっていて、そこだけで消耗してしまい、肝心の「相手の気持ちで考える」ということまで力を回せていないのではないかとすら感じます。

阿部　接客業には、AIを早く取り入れてほしいです。仕事が取られるという感覚ではないですね。AIに仕事を分担してもらえば、やりたかったことがやっとできるという気持ちです。

中川　AIを導入して任させられる業務があれば、おそらく毎日1、2時間は余裕が生まれるのではないかと思っています。その時間を使って、これまでは余裕がなくて考えられなかったことを考える時間に充てられます。戦略を練ったり、新しいビジネスモデルを考えたりと、未来に向けて思考する時間です。「AI導入」に対して拒絶反応を起こしてしまう方が一定数いるのが現状ですが、うまく活用し使いこなしていけば、確実に効率は上がります。そのなかで生まれる新しい役割を担っていけばよい話なのです。もっとポジティブに捉えてよいと思いますね。AIやICTと人間が共存することは可能なはずです。

TALK SESSION

10.「自分ごと」の意識と、地域の旗振り役

井庭 先ほども言いましたが、おもてなしと教育は似ているなぁと思うことがあります。相手がお客様か学生かという違いはありますが、その人たちの「経験」をつくる支援をするという点において似ています。こちらが経験をデザインしすぎると、相手はやらされている感に陥ってしまうのです。教育もおもてなしもそうですよね。仕込みすぎると、本人の意志ではなくレールに乗せられている感じになってしまいます。自分でやっている感覚がなくなってしまう。

　面で迎えるということが、その意味でも重要です。トータルとしての経験が重要なので、自分の前から離れたときの経験も重要になるのです。そこで、**チームメンバーや信頼のおける他の人に受け入れてもらえるという安心の土壌をつくる必要があります**（▶Pattern No.10 チームごと）。これが面で迎えるということの良さです。

　そして、**自分から手離れすることは、うまくデザインすると、相手が主体性を持てる余白を生み出します**（▶Pattern No.17 偶然を楽しむ余白）。それがまた重要で、完璧につくり込んで「仕込まれた経験のレール」に乗っていると、「この人がいるから、この経験が持てる」ということが行き過ぎて、言ってみれば依存関係のようになってしまいます。それではだめなのです。

村山 経産省のBrandLand JAPANというプロジェクトにシニアプロデューサーとして参画しているのですが、そこでやっていることは今の話に近いと思っています。そのプロジェクトでは、外部の有識者が地域に入っていき、課題を提示したら、地域の人に任せ、また地域に戻って……というような関係性を持つことができています。いつもべったりではなく、ポイントごとに会うことで、あくまでも地域の人が

第一部

TALK SESSION

主体となり、自律的に行動することができているんです。

　また、地域のプレイヤーや外部の有識者が年に数回集まり、各地域の進捗報告をしつつ、交流できるような場を持っています。進捗報告はいわゆる発表会で、自分たちの取り組みを披露する場です。そのため、日々のプロジェクトに対して緊張感が生まれます。他の地域のプレイヤーからの報告で刺激を受けたり、縦・横の様々なネットワークができたりして、そこから新たなビジネスが生まれることもあります。お互いの地域を訪問し合う動きも出てきていますね。取り組みのステージが同じだと課題が同じだったり、海外発信の際にメディアを一緒に使ったりして、相乗効果を出せていると思います。

　このような経験からも、地域をよくするというとき、外部から全部入り切ってやるよりも、スポットで入っていくとうまくいく、というのを実感します。

中川　結局は、地域が自分ごととして、自分たち発で考えるということに尽きる。それは会社もビジネスも同じなのかもしれないですね。

阿部　地域の中には、はじめから自分ごとだと思っている人は、実は多いですよ。彼らは、自分の事業を中心にしながら、自分ごととして地域を考えている人たちです。その人たちがどうつながれるか、チームになれるかが重要になってくると思います。その意味でも、強いリーダーの存在は不可欠です。その人を中心に、一過性のイベントではなく、「どんなまちにしたいんだ」という明確なイメージをつくっていく動きが出てくることが大切です（▶Pattern No.27 みんなでつくる）。

　例えば、初めてこのまちにやって来る地域の外の人が、駅を降りたときにこのまちに対してどんな印象を持つかとか、誰に話を聞けばよいかとか、どこにどんな案内所を設置すれば迷わないとかとか、そういった具体的な「どんなまちにしたい」と

TALK SESSION

いうイメージを共有していきます。その上で、そのイメージを実現するために、自分はどの役割を担うのかを各人が考えます。そのようにしていくことで、自分ごととして考えられる人が増えていくのだと思います。

中川　「自分ごととして考えられる人はいる」という前提でいられると、多くの地域にとって、それは希望になりますね。お話を伺っていて感じたのですが、純粋にその地域で育った「なかの人」でなくても、そこで事業を起こす人や、そこで働く人といった「半なか・半そとの人」も含めて考えると、自分ごとだと考えられる人の割合は上がりそうですね。

　神奈川県海老名市で私たちが運営している飲食店で店長をしているアクターは、純粋な「なかの人」ではありませんが、まさに「半なか・半そとの人」としてその地域と関わっています。2年ほど前に、地域の中でおつきあいのある方から誘われ、地域の夏祭りの実行委員会の会合に参加したそうです。そこに参加するメンバーは、自分とほぼ変わらない年代でありながら、会社を経営したり、主体的に行動を起こして活動したりと、「自分の責任」で生きている人たちでした。それに対して自分は「UDS株式会社」の「○○事業部」の「○○（店舗名）」の「店長」……いかに守られたなかで生きているか、はじめてその事実を突きつけられたと言っていました。自分の責任で生き、このまちはどうあるべきかと真剣に議論するメンバーのなかで、自分だけが、自分のことばで思いを語れなかったこともショックだったようです。そこから一念発起、貪欲に本を読んだり人から話を聞いたりして、自分なりの考え方、価値観を模索していました。

　こうやって、何かのきっかけを得てはじめて、その地域を自分ごととして考えられるようになることもあるな、と思いました。彼は昨年に続き今年も、「お手伝い」という立場ではなく、あくまで「主催者の一人」として、地域の夏祭りに向けて張り

第一部

TALK SESSION

切っていますよ（▶Pattern No.27 みんなでつくる）（図1-7）。

図1-7　地域の夏祭りの様子

11. どんなことでも面白がれる強さ

井庭　いろいろな物事を「面白がる」ことができる、というのは、その人のセンスであり能力でもあると、僕は考えています。いま、目の前にある木から、葉っぱが独特の舞い方で落ちたとします。それを面白いと思えるかどうかは、それを見ている人の意味づけの問題です。ある地域の文化に出会ったときに、それが自分のもともとの興味とは違っていたとしても、それを面白いと思うことができるかは、面白

TALK SESSION

く意味づけできるかどうかにかかっています。そういう意味で、センスと能力の問題だと思うのです（▶Pattern No.13 面白がり力）。

阿部 面白がれることはセンスであり、能力であるということに同感です。それに加えて、私は面白がるためには努力も必要だと思っています。面白いと思おう、という努力です。接客の場面で言えば、この人を楽しませることが面白いと思えるかどうかが大切になると思います。

中川 面白がれない人は、どうやったらものごとを面白がれるようになるのでしょうか？

阿部 私は「興味を持ちましょう」と言うようにしています。大前提として、面白いことは、世の中にそんなにたくさんありません。そうではなくて、一見面白くなさそうなことにも興味を持ち続けることで、気づいたら面白くなっていた、ということだと思います。

　コンシェルジュでも地域でも、この人は何に喜ぶのか、どう表現したら喜ぶのか、に興味を持つことが大切です。たとえ、その人が求めているもの自体には興味がなくても、それによってその人を喜ばせられる、そういうところに興味を持てばよいと思っています。

村山 どのレイヤーで面白がるか、楽しむかというのは重要ですね。「お客様が求めるもの」それ自体への興味が持てなくても、「お客様が求めるものを提供する行為」に興味を持つというのは実践しやすいことだと思います。例えば、小売の現場でインバウンド研修をする際に意識しているのは、「インバウンド接客を楽しむ」ということです。

第一部

TALK SESSION

　一般に、外国人観光客のほうが購買力はありますし、反応がわかりやすいのも特徴です。それに、お店で声をかけられることに慣れている方も多いので、実験の場としていろいろ試そう、と。例えば、赤い服を買おうとしている人がいれば、「水色の服もご家族用のお土産にどうですか」ともう一品オススメする。それが意外と売れたりするので、店員さんはうれしくなり、そこからどんどん、インバウンド接客に興味を持ってくれるようになります。

井庭　僕は、面白くないとやる気が起きないので、自分がやる気になるように面白いところを見つけるというのは、自分にとってとても大切で切実なことなんですよね。まずは、なんとしても面白いところを見つけようという気持ちが大切だと思います。

　あとは、日頃できることとしては、誰かが何かを面白いと言っている場面に出会ったときに、どこがどう面白いと言っているのかを知ろうとすることだと思います。その人が面白いと思ったポイント、面白がり方というのはどういうことなのかを知るのです。そういうことを語ってくれたり、本に書いてくれたりしている人もいます。そういうふうに、ある物事をどのように面白く見ることができるのかということを学ぶというのは、自分がいろいろなものを面白がれるようになるための引き出しをつくることになると思います。面白がり方のレパートリーを自分のなかに増やしていくのです。

中川　楽しむためには、同時に知識も大事ですよね。

阿部　相手を楽しませるためには、知識や情報は絶対に大事です。「これすごいですよ」「楽しいですよ」だけでは伝わらないし、意味がない。客観的な説明も自分

9　キエラン・イーガン（著）、『深い学びをつくる：子どもと学校が変わるちょっとした工夫』、北大路書房、2016年10月

TALK SESSION

の感想もどちらも大切で、それらを合わせてはじめてストーリーになるのです。相手を喜ばせることが面白いし、そのための知識や情報を持とうとすることも面白い。そんなふうに思えるとよいと思います。

中川 面白がる姿勢と、レパートリーを増やすための知識を蓄えることと、どちらも重要ですね。それらがあることによって仕事は格段に楽しくなるとも実感します。おもてなしに限らず、まさに、すべてのビジネスマンに共通する考え方だと思います。

井庭 自分が「面白がる」ことでアプローチするというのとは別の「面白くなり方」というのもあります。最初は面白いとは思っていなくても、知れば知るほど面白くなってくる、という道です。

教育分野に、「Learning in Depth」という学び方があります。これは、アメリカで小学校から12年間かけて行われたりしている興味深い方法です。『深い学びをつくる：子どもと学校が変わるちょっとした工夫』[9]という本で紹介されています。

「Learning in Depth」では、子どもたちは、一人ひとりに探究のテーマが与えられ、それについて探究していきます。テーマは日常的なもので、「りんご」とか「ほこり（埃）」とかそういうものです。そういうテーマが、一人ひとりに与えられるのです。

もともと興味があるテーマではないので、最初は面白くないですが、ひとまず調べ始めます。例えば、りんごだと、りんごにはどんな種類があるのか、とか、どこが生産地なのかとか、どんな料理があるのかとか、りんごが出てくる有名な物語にはどんなものがあるかなど。そうすると、不思議なことに、だんだん面白くなっていくのです。最初に特に興味がなかったテーマのはずなのに、知れば知るほど、面白くなってくる。「Learning in Depth」というのはそういう学び方です。どんなこと

TALK SESSION

でも、深く知るほど面白くなってくるというものです。

　その地域に興味を持つ、というのも最初は、仕事だからとやり始めるかもしれないけれども、知れば知るほど、関われば関わるほど面白くなるということがあると思います。

中川　イエナプランという教育コンセプトの小学校がオランダに200校近くあるのですが、そこで身につくことも、「面白がる」ということに近いと思います。イエナプランを視察したときのことなのですが、ワールドオリエンテーションという授業で、机の上の二匹のカタツムリを一時間見続けるというものがありました。教師一人と年齢の異なる生徒たちで、目の前のカタツムリに関連する話を延々とするのです。「このカタツムリはどこから来たのかな？」「お腹は空いているのかな？」など、カタツムリをテーマにひたすら話し続ける「授業」です。

　ここではカタツムリはあくまできっかけにすぎず、対象は何でもよいのですが、ポイントは、その一時間で展開される話題のなかに、国語・算数・理科・社会のすべてが内包されているという点にあります。一つの教科で区切るということをしていないんですね。

　そのような授業を経験していくと、「自分はどんなことだって深められる」という自信がつくはずです。なにせカタツムリ相手に、一時間考え続けられたのですから（笑）。みんなで考えるというのも大切で、自分にはない視点で友達が問いを立ててくれたり、それでも足りない視点は先生が補ってくれたりするのもよいなと思います。

TALK SESSION

12. 自分たちが住みやすくした結果としての魅力

阿部 まちとして住みやすそうだったり、住んでいる人が楽しそうだったりすると、そこに観光客がやって来る、ということが往々にしてあります。そこに住んでいる人は、自分たちが本当に住みやすいことを一番に考えています。例えば、景観を損ねないように、自動販売機にカバーをかけるとか、アスファルト塗装を茶色にするとか。観光客のことではなく、自分たちが住みやすいようにと工夫をしているんです。そうやって自分たちが楽しく暮らしていたら、お客さんも来るようになった、という順番です。

井庭 それは面白い話ですね。自分たちにとってよい地域でなければ、自分たちを犠牲にして、観光客に尽くすというようなかたちになり、継続がきつくなりますよね。自分たちが住みやすい街をつくることが、観光客にとっての居心地や魅力にもなる、というのは、重要な考え方です。

　今おっしゃったような地域に希望を感じるのは、つくり続けることによって、結果として魅力が生まれているということです。つくり続けることができれば、誰とも同じではない固有の存在になることができるからです。

　UDSも、自社の企画やおもてなしのコツの本を出版して、「手の内を明かして、他社から真似されたらどうするんですか？」と訊かれることがあるのではないかと思います。でも、実際には、そんなことは心配無用で、これからもそういう大切なコツを生み出し続けられる、という自信があれば、他のどんなものとも違う存在でい続けられるわけですね。

　だから、本書で取り上げる「おもてなしデザイン・パターン」では、UDSのみなさんの「創造的おもてなし」の心得を言語化していますが、それは存分に公開・共有し

てしまう。広まったからといって、なくなってしまうわけではないですから。むしろ、そうやって共有して、日本全体でおもてなし意識が底上げされ、面で迎えられるようになればなるほど、全体の価値が上がり、自分たちも上がるのです。そういう未来へとつながるきっかけになると、うれしいです。
　今日は、とても面白い大切な話を、どうもありがとうございました。

[解説] 経験則を共有するパターン・ランゲージ

■個人の経験則をひらく

　パターン・ランゲージは、経験則を言語化して共有する方法です。人は日々の経験のなかで、「こうするとうまくいく」という感覚を持っているものです。経験則というのは、ある特定の状況において、どうするとよい結果を生むのか、ということに関する実践的な知識です。具体的な場面やその詳細は異なっていても、本質的には似ている経験を積めば積むほど、その経験則は研ぎ澄まされ、確かなものとなっていきます。

　そのような経験則は、基本的に個人のなかで育っていき、個人のなかで活かされるものです。当たり前と言えば当たり前なのですが、よくよく考えてみると、少し残念なことだとも言えます。というのは、よりよく何かをするための経験則が、個人のなかで閉じているからです。

　個人のなかで閉じていることの難点はいろいろありますが、ひとつには、すでに誰かがつかんでいるコツであっても、それが共有されていないがために、一人ひとりが長い時間をかけて、一からつくらなければならないということです。そして、そうであると、その一人ひとりがコツを獲得するまでの間に、少なからぬ失敗が生み出されることにもなります。また、人によってバラバラに経験則を持っている状態だと、複数人で一緒に何かに取り組もうとしたときに、考えや行動をうまく連携させることも難しくなります。

　もし経験則というものを、個人のなかに閉じ込めておくのではなく、他の人と共有できるならば、どうなるでしょうか。ある人がすでに持っている経験則が他の誰かの役に立ち、失敗が生まれる回数が減るでしょう。さらに、お互いの経験則を知り、

高め合うことで、よりよいコラボレーションが実現できるようにもなります。

パターン・ランゲージという方法が目指しているのは、そのような世界なのです。

■経験則の記述形式

パターン・ランゲージは、経験則を小さな単位で捉え、それに名前をつけます。何十から何百という数の経験則を言語化し、それらのゆるやかな体系によって全体を表します。いくつもの経験に共通して見られる共通「パターン」をあぶり出し、それを記述し、名づけ、「ランゲージ」をつくるのです。それゆえ、この方法は、「パターン・ランゲージ」と呼ばれています。

パターン・ランゲージを構成する個々のパターンでは、経験則を、ある決まった形式でまとめます。「状況」(context)、「問題」(problem)、「解決」(solution)、「結果」(consequence)という形式です。どのような「状況」で、どのような「問題」が生じやすく、それはどのように「解決」すればよいのか、そして、そうするとどのような「結果」になるのか、という形式で経験則が記述されるのです。

パターン・ランゲージでは、その一つひとつのパターンに「名前」(name)がつけられます。

つまり、経験則を指し示すための新しい言葉がつくられるのです。これによって、私たちはその経験則について考えやすくなったり、他の人に語りやすくなったりします。これまで個人のなかで暗黙的な存在であった経験則というものを、明示的に扱うことができるようになるのです。

こうして、パターン・ランゲージは、経験の浅い分野においても、よい結果を生む経験則を知ることによって、よりよい実践ができるように支援します。さらに、パターン・ランゲージを共通言語として用いることで、複数人でのコラボレーショ

[解説]

ンもよりよいものになるのです。

■**パターン・ランゲージの発展**

　本書のおもてなしデザイン・パターンは、「創造的おもてなし」の実践のパターン・ランゲージであり、自分たちがいる地域・分野との関わりを持ちながら、お客様との心地よい関係性をつくるための経験則をまとめたものです。そのことからすると、驚きがあるかもしれませんが、パターン・ランゲージは、もともとは建築の分野で生まれた方法です。

　クリストファー・アレグザンダーという建築家が、よい町や建物に潜むパターンを言語化したのが最初です。彼が目指したのは、古きよき町や建物が持っている調和のとれた美しさを、新しくつくる町や建物においても実現することでした。どのような言葉で形容しても表現しきれない「良さ」、これをアレグザンダーは「名づけ得ぬ質」(quality without a name) と呼びました。この質を成り立たせるものとして、町や建物の物質的な要素ではなく、要素間の関係性に着目し、この繰り返される関係性を「パターン」として捉えたのです。

　そして、そのような「良さ」を本当に実現させるためには、その場所をよく知り、これからもその場所で過ごすことになる住民たちが、デザインのプロセスに参加すべきだと考えました。そこで、専門家が意識的／無意識的に知っているデザインに関するパターンを抽出し、専門外の人でもわかるような言葉で表しました。こうしてできたパターン・ランゲージを共通言語として、建築家と住民たちが町や建物のデザインについて考え、話し合えるようにしたのです。1970年代のことです。

　それから10年ほど経ってから、建築の分野で考案されたパターン・ランゲージという方法は、ソフトウェア・デザインの分野で大きく展開・普及しました。ソフトウェ

アのデザイン（設計）における経験則が言語化されたのです。ソフトウェア分野では「デザイン・パターン」という呼び方で広く知られている方法です。

　その後、さらに応用分野は広がり、よいチーム・組織の組み方や、教育における教え方、組織・コミュニティのなかでのイノベーションの起こし方などの経験則が、パターン・ランゲージの形式でまとめられました。私（井庭）も、学びやプレゼンテーション、コラボレーション、企画、対話、また、認知症に関する福祉分野のパターン・ランゲージや、料理など日常生活に関するものなどをつくってきました。

　このような「人間の行為」を対象とするパターン・ランゲージは、第三世代のパターン・ランゲージです。建築のデザインのパターン・ランゲージが第一世代、ソフトウェアのデザインが第二世代とすると、教育をはじめとする人間行為のパターン・ランゲージは、デザインの対象が自分の外にある客体ではなく、自分自身の行為であるという新しいタイプのパターン・ランゲージであり、第三世代にあたります。

　世代によってデザインの対象は変わりますが、パターン・ランゲージでやろうとしていることは同じです。それは、よりよい質を持った成果をどのように生み出すことができるのかということを、「状況」、「問題」、「解決」、「結果」という形式でまとめ、それに名前をつける。それによって、よりよいデザインの生み出し方について明示的に考え、語ることができるようになるのです。

■ パターン・ランゲージ　3つの効能

　経験則をパターン・ランゲージにまとめることのメリットには、「経験の交換・蓄積」ができるようになること、「認識のメガネ」として用いることができること、「経験の連続性」を持つことができることが挙げられます。以下、一つずつ見ていくこと

[解説]

にしましょう。

1. 経験の交換・蓄積

　他人の成功体験を具体的に聴いても、その本質をつかむことは容易ではありません。また、話す側も自分の成功の本質を捉えて、それがスムーズに伝わるように話を構成するのは難しいものです。

　ですが、パターン・ランゲージの語彙（ボキャブラリー）を用いて語ることで、共有すべき成功の本質を両者がともに理解しながら話し・聴くことができるようになります。個人の経験が成功の本質に沿ったかたちで効果的に引き出され、他の人に伝わるのです。聴いた人も、本質と、話者の状況ならではの具体的な詳細を分けて理解することができるため、本質を自分の状況に当てはめて取り入れることができるようになります。

2. 認識のメガネ

　パターン・ランゲージが言葉（概念）を提供してくれるので、その言葉がなければ見えなかった現象を認識できるようになります。例えば、「机」という言葉（概念）がなければ、目の前の物体を「机」として認識することはできません。また、自分はどんな「机」がほしいのか、「机」をどう改善したいのか……なども、「机」という言葉（概念）がなければ、考えることはできません。

　同様に、よい実践の仕方にも名前がなければ、その実践を目の当たりにしても、それを取り出して認識することができません。パターン・ランゲージは、よい実践の秘訣に名前をつけることで、人々がそれらを認識することをサポートします。

　そのようなことから、パターン・ランゲージは、「認識のメガネ」であると言えます。言語を通じて秘訣を認識していることで、上手な人がなぜ上手なのかを読み解き、理解することができるようになるのです。

3. 経験の連続性

　パターン・ランゲージは、自分の経験を活かしつつ、他の人の成功の秘訣を取り入れることで、その人らしさを肯定しながら成長することを促します。成長するには、よいやり方を学んでいく必要がありますが、自分の状況や環境、個性などに合わせながら、他者の秘訣を取り入れていくのはなかなか難しいことです。パターン・ランゲージは、よい「質」（quality）の活動を実現するための心得の要素を小さい単位でまとめ、手軽に扱えるようにしています。また、具体的にどう行動するかを自分に合わせて考える余地を残し、抽象的に記述することで、個々人が過去の成功パターンを取り入れやすくなるようにつくられています。

　自分のやり方をやめて他の人のやり方を真似するのではなく、今の自分をベースとして、そこにさらに秘訣を取り入れていくことで、自分のよさ・らしさを保ちながら、変化・成長していくことができます。このように、パターン・ランゲージでは、自分の過去の経験の上に成功した他者の秘訣を乗せていくことで「経験の連続性」を実現することができるのです。

　パターン・ランゲージは、実践的な方法について書かれていることから、「マニュアルとどう違うのか？」という質問をよく受けます。結論から言うと、かなり違うものです。マニュアルは、誰がやっても同じ結果を再現するための手順を示すものですが、パターン・ランゲージは、個々人が、自分なりの実践を探究する心得をまとめたものです。

　パターン・ランゲージは、いうならば、理念とマニュアル（行動指示、作業手順）の間の「中空」に位置する「言葉」です。理念に結びつきながら、具体的な行動の手順は示しません。指示された手順通りに実行すれば必ず成功するというようなものではなく、活動の「指針」が少し抽象的に示されています。それにより、どのように

[解説]

行動することで理念に則ったよい「質」を体現していけるのかを、自分に合わせて考えることができるようになっています。

　現在、実践領域の多くでは、理念とマニュアルの間をつなぐ言葉がありません。このつながりは、その文化に長くいる者には見え、体現できるものの、経験の浅い人には大変難しく、理念に則った日々の行動をすることはなかなかできません。そのため、パターン・ランゲージは、抽象的すぎず具体的すぎない「中空の言葉」として、期待されているわけです。

■おもてなしデザイン・パターン

　本書第二部で紹介するおもてなしデザイン・パターンは、パターン・ランゲージの世界でも初めての、おもてなしの心得をまとめたパターン・ランゲージです。複数のホテルや飲食店を経営し、そこで働く人の個性を尊重しながら、まちづくりにつながる取り組みを積極的に行っているUDSにおける「創造的おもてなし」の心得を、運営の現場の最前線で働く方々（アクター）から抽出し、言語化しました。

　どうしたら満足を超えるおもてなしを提供できるのか？ それぞれの個性を活かし、地域とつながる実践を積み重ねてきたアクターたちの経験則が、パターン・ランゲージとしてまとめられています。読み進めると、「なるほど！」というものもあれば、「あるある。自分もよくやっている。」というものもあるでしょう。どちらの場合でも、その経験則が記述され、名前がつけられていることから、おもてなしについて考えやすくなり、語りやすくなり、他者とともにブラッシュアップしていくことができるようになります。

　それでは、おもてなしデザイン・パターンをお楽しみください！

第二部

おもてなしデザイン・パターン

おもてなしデザイン・パターンの読み方

　第二部「おもてなしデザイン・パターン」は、「創造的おもてなし」の心得を、パターン・ランゲージという形式で紹介します。28個のパターンは、それぞれが見開き2ページで紹介されています。

　左ページの上方には、大きな文字で、おもてなしの心得をキーワードとしてまとめた「言葉」（パターン名）が掲げられています。この「言葉」を日頃使うことで、おもてなしについて考えやすくなったり、他の人とおもてなしの実践やそのポイントについて話しやすくなったりします。その「言葉」のあとには、そのパターンへの導入となるイントロダクションの文とイラストが続きます。これらの要素で、そのパターンの内容をイメージできるようになっています。

　右ページの上方には、どのような「状況」でこの心得が大切になるのかが書かれています。そして、その次に、その状況ではどのような「問題」が生じがちなのかが書かれています。今そのような問題に陥っていないとしても、「状況」が当てはまっているなら、これからそのような「問題」が起きてしまうかもしれません。

　その下には、その問題をどう「解決」すればよいのかということが書かれています。ここで書かれているのは、具体的な解決方法ではなく、あくまでも考え方です。実際にどうやるのかという手順などは細かくは書いていませんので、自分の仕事や持っているスキル、得意なことなどを踏まえながら、自分ならばどのように実現したらよいかと考えながら読んでみてください。その後、それを実行するとどのようなよい結果が期待されるのかが書かれています。

　本書のおもてなしデザイン・パターンは、すべての心得がこの形式（パターン・ランゲージ形式）でまとめられています。

　28個のパターンは、コア・カテゴリーと、3つの実践カテゴリーに分かれています。

● おもてなしのデザイン（No.1）
● お客様との心地よい関係性を築く（No.2～10）
● 地域・分野の魅力を引き出す（No.11～19）
● 地域・分野のこれからをともにつくる（No.20～28）

「おもてなしのデザイン」には、すべての心得に通ずる重要な考え方となるパターンである「創造的おもてなし」パターンが収録されています。そして、「お客様との心地よい関係性を築く」「地域・分野の魅力を引き出す」「地域・分野のこれからをともにつくる」では、それぞれ9つのパターンが紹介されています。

本書では、28個のパターンの後に、UDSのアクター6名の実際のエピソードが収録されています。そのエピソードでイメージをつかみ、またパターンを読み直すと、自分のこれからの実践について、さらにイメージが湧くようになるでしょう。

第二部「おもてなしデザイン・パターン」は、自分に必要だと思う箇所から読むこともできるようになっています。自分の状況に合わせて、問題を解決するためのヒントを得る、という使い方もできるのです。

最後に、ひとつ大切なことを。それは、本書で紹介する28個がおもてなしで大切なことのすべてではないということです。この28個は、私たちの経験に基づくおもてなしの心得をなるべく網羅的にまとめたものです。本質を突き止め、抽象化しているので、多くの「おもてなし」に通ずる汎用性を持っているはずです。しかし、すべての創造的活動がそうであるように、おもてなしもまた様々な可能性がひらかれています。ここにない経験則を持っている方も、今後自分なりに大切なことを発見した方は、それを大切にしていただければと思います。

第二部

おもてなしデザイン・パターン一覧

No.1 創造的おもてなし

No.2 相手の気持ち

No.3 その人への興味

No.4 語りたくなる声かけ

No.5 フレンドリー&ポライト

No.6 キャラを立てる

No.7 フレッシュな心持ち

No.8 もてなされ研究

No.9 もうひと手間

No.10 チームごと

No.11 面で迎える

No.12 好きから入る

No.13 面白がり力

おもてなしデザイン・パターン

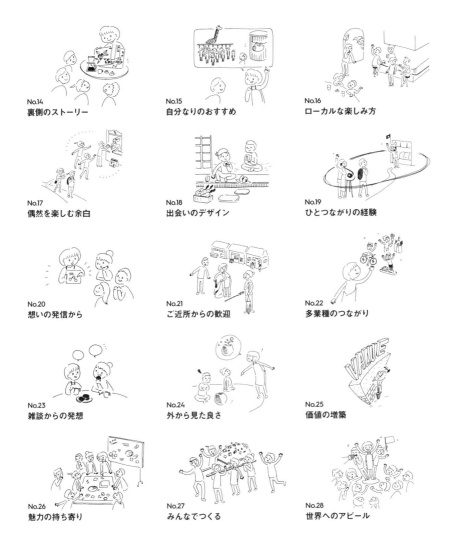

第二部

おもてなしのデザイン

No.1 創造的おもてなし

第二部

Pattern
No.1

創造的おもてなし
Creative Hospitality

満足される「丁寧な接客」を超えて、
自分で考えるクリエイティブな
「持て成し」を。

Category
おもてなしのデザイン

お客様に場や機会を提供したり、
サービスや情報を提供したりする
仕事・役割に就いている。

その状況において

丁寧で間違いのない接客・対応ができたとしても、それだけでは、お客様にとって心に残るような素敵な体験になるとは限らない。お客様が満足するサービスを提供するということは、いわば仕事の基本であり、欠かすことはできない。しかし、それがうまくできたとしても、それだけではよくある体験に過ぎないかもしれず、必ずしもお客様に豊かな時間を提供していることにはならない。

そこで

自分たちが提供するもの・ことだけでなく、属する地域・分野全体の価値を高めることも視野に入れながら、自ら考えて動き、チームや周囲の人たちと連携して、心に残る経験をプロデュースする。「もてなす（持て成す）」の語源を紐解くと、「持て」は「意識的に」「心で大切にして」、「成す」は「事を成し遂げる」「生み出す」だという。つまり、おもてなしをするということは、意識して何かをする・生み出すことであり、自分で考えることや、発想や工夫を大切にすることが求められるのだとわかる。また、心地よい体験をつくるためには、お客様の経験の連続性を捉える想像力も欠かせない。自分たちの「持て成し」を実現するためには、自分の持ち場を超えた視点を持ち、周囲に広がる全体のなかで、クリエイティブな姿勢でいることが大切なのである。

その結果

自分たちのおもてなしによって、お客様に、満足を超えて称賛されるくらいの素晴らしい経験を提供することができる。それは、お客様の人生に彩りを添えるものになり得る。こうして、印象的で心に残る経験は、再度訪れたいという気持ちを生むことになるだろう。そしてそのことは、自分たちの仕事の意義と誇りを高め、さらなるおもてなしを生み出していく力になる。

A：お客様との
　　心地よい関係性を築く

- お客様を知る
  - No.2 相手の気持ち
  - No.3 その人への興味
  - No.4 語りたくなる声かけ

- 居心地のよいホームをつくる
  - No.5 フレンドリー&ポライト
  - No.6 キャラを立てる
  - No.7 フレッシュな心持ち

- 心に残るサービスを提供する
  - No.8 もてなされ研究
  - No.9 もうひと手間
  - No.10 チームごと

第二部

Pattern
No.2

相手の気持ち
Empathetic Imagination

相手の「立場」に立つだけではなく、
相手の「気持ち」になって考える。

Category
A：
お客様との心地よい
関係性を築く

Group
お客様を知る

お客様に称賛してもらえるくらいの
おもてなしができるようになりたい。

その状況において

自分たちが自信を持っているものやことを提供するだけで、相手が喜んでくれるとは限らない。自分たちがよいと思っていることが、必ずしも相手にとってもよいものとは限らない。また、相手の「立場」に立って考えてはいても、相手の立場に「自分の感覚」のまま立っているのであれば、相手が感じるであろうことをつかむことは難しく、よかれと思ってやったことが、実際には喜ばれなかったり、逆に迷惑になってしまったりすることもある。

そこで

相手の「立場」に立ち、さらにその人の「気持ち」になろうとすることで、何を望み、どうするとうれしいのかを考えて動く。大切なのは、相手の気持ちになって、こちらに求められることを考えるということである。そのために、自分の過去の経験を思い出したり、目の前にいる人の気持ちを感じ取って、相手が何を求めたいと思うかを想像したりするのである。そうして、自分がやるべきこと・できることを考え、実践していく。

その結果

お客様が望んでいることや求めていることを汲んだ上で、サービスや情報の提供ができるようになる。そうなれば、お客様は、必要としていたものやそれ以上の対応を得たことに対して、感謝や信頼を持ってくれることになるだろう。自分で考え、実践したことでお客様に喜んでもらうという経験を積むと、勘所がわかってくるとともに、やりがいも感じられ、さらなるおもてなしへとつなげていくことができる。

第二部

その人への興味

Interest in the Individual

関わり合いのなかで、
その人への理解を育てていく。

Pattern
No.3

Category
A：
お客様との心地よい
関係性を築く

Group
お客様を知る

おもてなしをしたいお客様がいる。

その状況において

自分が「届け手」で、お客様が「受け手」というような認識でいると、自分たちができることを一方的に届けるという姿勢になってしまい、お客様一人ひとりのことが意識からこぼれ落ちてしまうことがある。 日々お客様に接していると、目の前にいるのは唯一無二の人であるはずなのに、いつの間にか、「たくさんのお客様のなかの一人」という感覚になってしまうことがある。そうなると、目の前にいるのが、一人ひとり違う個性や思いを持った人であるということが抜けてしまう。

そこで

お客様一人ひとりとの双方向の関わり合いが大切だと捉え、その人がどんな人なのかに興味を持って会話をしていくことで、その人への理解を積み重ねていく。 まず、お客様を一人の人として捉えて向き合い、持ち物や語り、そのときの表情などをヒントにして、その人についての理解を深めていく。瞬時にわかるものもあれば、会話をするなかで徐々につかめてくるものもあるが、興味を持って話していると、普通では気づかないことや見えないものも認識できるようになる。

その結果

その人がどのように感じ、何を望むのか、あるいはどのようなことに喜びを感じるのかなどを知ることができ、その人に合った対応ができるようになる。また、自分のことを理解してくれているということは居心地の良さや安心感につながり、自分たちの場がお客様にとっての「ホーム」だと感じてもらえるようになるだろう。サービスを提供する側とされる側という関係を超えて、一人の人同士の関係になることができれば、長く続く関係性になる可能性が高い。

第二部

語りたくなる声かけ
Inviting Chat

質問への答えからではなく、
盛り上がる会話から相手を知る。

Pattern
No.4

Category
A：
お客様との心地よい
関係性を築く

Group
お客様を知る

お客様のことをもっと知りたいと思っている。

その状況において

多くのことを知ろうと質問を繰り返すと、情報収集されているような印象や、問い詰められているような不快感を与えてしまうことがある。お客様のことや望んでいることを知ろうとすると、いろいろと質問をしたくなってしまうかもしれない。しかし、こちらが知りたいと思っていることは、相手にとっては特に話したいことではないかもしれず、また、矢継ぎ早に聞かれると嫌な気持ちがする人もいるだろう。たとえそうやっていろいろと情報を得たとしても、断片的な情報になってしまい、その人らしさを立体的に捉えることはできないかもしれない。

そこで

その人の持ち物や、気持ちの動きが垣間見えた話題などを手がかりにして、向こうから自然と自分のことを語りたくなるようなきっかけをつくる。誰でも自分の持ち物や好きなことに興味を持ってもらえるとうれしいものである。例えば、お客様が釣り竿を持っているとしたら、「本格的な竿ですね」などと話しかけると、「お、わかる？君も釣りするの？」と、話がはずんでいくかもしれない。また、食事の場所を紹介・おすすめするときでも、「今日はどんな集まりなんですか？」「何かの記念日ですか？」というように、相手が楽しく語れるような聞き方をするようにするとよい。

その結果

お客様が話したいことを自由にいきいきと語ってくれると、その人がどういうものが好きでどういう人なのかを立体的に理解できるようになる。その結果、その人にぴったりな提案や、想定を超えるような提案をすることが可能になる。また、いきいきとしたコミュニケーションは、心地よい関係性を築くことにもつながっていく。

第二部

フレンドリー＆
ポライト
Friendly & Polite

やりとりのなかで、
ほどよいブレンドを目指す。

Pattern
No.5

Category
A：
お客様との心地よい
関係性を築く

Group
居心地のよいホームをつくる

それぞれのお客様に対して
心地よい関係を築いていきたい。

その状況において

失礼がないように丁寧に接しようとしすぎると、かえって、居心地の悪い雰囲気になってしまうことがある。 過度な敬語・言葉遣いは、距離感を生んだり、堅苦しさをもたらしたりすることがある。しかし、逆に、あまりにもフランクで馴れ馴れしいのは、相手に失礼になるだろう。しかも、心地よいコミュニケーションのトーンは人によって異なるので、一律にこうすればよいという基準をつくることができないという難しさもある。

そこで

フレンドリーでありながらポライト（礼儀正しい）であることを基本とした上で、一人ひとりに合わせて度合いを調整しながら、心地よい関係性を見出していく。 明るさや親密さによって心の許せる雰囲気をつくりながらも、きちんと相手を尊重し礼儀正しく振る舞うという、両方をバランスよく取り入れることを目指すのである。「フレンドリーである」ということと「ポライトである」ということは、一つの軸において対極に位置するようなものではなく、別々の軸を構成するものであり、どのようにブレンドするのかは、相手に合わせてそれぞれ調整することができる。自分の立ち位置や性格などを踏まえて、日頃から自分なりの定番のスタイルを持っておき、その上で、相手との会話や雰囲気、反応などをもとに、その場その場で最も自然な流れになるように調整していく。

その結果

お客様がほっとするようなコミュニケーションのトーンや居心地よく感じられる雰囲気でやりとりすることができる。そのようにして生まれたちょうどよい関係性は、一人の人としての関係性に発展しやすく、安心感と信頼をつくっていくことができる。そのような場は、他のどのような場よりも、また行きたい・戻りたいと思える「ホーム」のような存在になるだろう。

第二部

キャラを立てる
Distinct Character

自分を活かして、
自分らしくもてなす。

Pattern
No.6

Category
A：
お客様との心地よい
関係性を築く

Group
居心地のよいホームをつくる

それぞれのお客様の心に残る関係性を築きたい。

その状況において

「おもてなし」が上手な人の振る舞いを学び、自分をそのイメージに合わせようとすると、それを真似ることはできたとしても、どこか表面的で、そこに「自分」がいなくなってしまう。この人のようになりたいとロールモデルや目標を持つことはよいことではあるが、その人の振る舞いを自分の「あるべき姿」として意識しすぎてしまうと、ある程度以上はうまくいかなくなってしまうことが多い。とっさの対応で戸惑ってしまったり、自分が対応しているという意義が失われたりして、結果としておもてなしの質が下がってしまう。

そこで

自分の個性・強み・持ち味を活かして、お客様と接するようにする。例えば、おしゃべりや冗談で人を楽しませるのが好きで得意なら、そういう要素を少し多く入れてみる。あるいは、多くの人が見ていないような細かいところに気づく性格であるなら、その力を実際の対応に取り入れてみる。自分にとって自然な振る舞いや特徴を押さえ込まず、それが適度ににじみ出るようにしたり、強みとして活かしたりして、自分らしくいきいきとしたコミュニケーションを実践していく。

その結果

その人らしさが垣間見えることで、人間味が感じられ、豊かな時間を味わってもらうことができる。また、自分の個性や持ち味を活かした働きかけに対してお客様からよい反応をもらえると、一人の人として誇りと自信を持ってそれを強めていくことができるようになる。さらに、そうやって、それぞれの人の個性が活かされ、皆が自信を持って堂々と働いている場は、いきいきとした空気にあふれ、お客様の心に残る時間・経験を生み出す基盤となる。

第二部

フレッシュな心持ち

One Encounter at a Time

慣れを超えて、
そのときどきを大切にする。

Pattern
No.7

Category
A：
お客様との心地よい
関係性を築く

Group
居心地のよいホームをつくる

日々、いろいろなお客様と接している。

その状況において

経験を積むと、手際よくそれなりの対応ができるようになるため、そのときどきのお客様とは一期一会であるという気持ちを失ってしまうことがある。いろいろなタイプのお客様や様々なケースを経験すればするほど、どういうときにはどうすればよいのかがすぐにわかるようになってくるものである。しかし、それとともに、そのときどきの出会いや感動を味わう気持ちを失ってしまうことがある。そうなると、そのお客様にとってはファーストコンタクトであるとしても、こちらの対応が流れ作業の一部のようになってしまう恐れがある。

そこで

目の前のお客様と自分は「いま・ここ」という一回限りの時間をともにしているということを意識し、そのときどきを大切にする。お客様とのやりとりの際に、「ああ、こういうときは、こういうことだな」と見えてきたとしても、頭の中で一旦保留し、相手の言葉をきちんと聴き、表情やニュアンスをつかむようにする。そして、その人と共有している時間の一瞬一瞬をかけがえのない一回限りのものとして捉え、味わうようにする。初心に戻るために、新人や後輩と一緒に仕事や会話をして新鮮な気持ち・視点を思い起こしたり、初めて来られたお客様の反応から学んだりすることもできる。

その結果

お客様とともにする時間を大切にした、心のこもったおもてなしをすることができる。そして、それは、お客様にとっても自分にとっても心に残る体験となり、時折思い出すような記憶になるかもしれない。さらに、学び続けることで、慣れによっておもてなしの力が下がってしまうことを防ぐことができる。

第二部

Pattern
No.8

もてなされ研究
Hospitality Fieldwork

「もてなされ上手」は、
もてなし上手。

Category
A：
お客様との心地よい
関係性を築く

Group
心に残るサービスを提供する

さらによりよいおもてなしが
できるようになっていきたい。

その状況において

いつも自分がおもてなしをする側にいるだけでは、本当の意味でお客様の気持ちになったり、感動をもたらしたりすることはできないかもしれない。おもてなしをする側だけの経験を重ねていくと、次第におもてなしをされる側の気持ちを忘れ、離れていってしまう可能性がある。また、これまでにしてきた自分のやり方から変わっていくことができないかもしれない。

そこで

たまに自分ももてなされる側にもなり、もてなされるということがどういうことかを実感したり、心地よいコミュニケーションについて研究したりしながら、おもてなしの感度を上げていく。もてなされる経験は、自分と同じ分野でも構わないし、他の分野でも構わない。そこでどのようなおもてなしがなされ、そのとき自分はどう感じたのかを味わい、さらに、そこで行われている取り組み方や工夫がどのようなものなのかを研究してみる。また、自分がしていた言動のどこが、よい関係を築くために役立ったのかを振り返ると、今後、自分のお客様とのコミュニケーションに活かしていくことができるようになる。

その結果

おもてなしに対する感度が上がり、よりよいおもてなしをすることができるようになる。また、このようにすると、自分が一方的におもてなしを提供する側にいるだけでなく、社会のなかでの「おもてなしの受け渡し」の流れの一翼を担っているということを実感することができる。

第二部

もうひと手間
Little Something Extra

もう一歩、
つくり込む手間を惜しまない。

Pattern
No.9

Category
A：
お客様との心地よい
関係性を築く

Group
心に残るサービスを提供する

お客様から質問やリクエストがあった。

その状況において

受けた質問やリクエストにただ応じるだけでは、お客様に驚きや感動を提供できる機会を逃してしまう。質問にしっかり答えることや、迅速にリクエストに応えることは重要である。しかし、それだけでは、サービスや情報を提供する者として当たり前の域を超えられず、特別に記憶に残ることも、特段喜んでもらうこともできないだろう。

そこで

求められたことに応えるのはもちろんのこと、さらにきっと喜んでもらえるであろう情報を加えたり、自分ができることをもうひとつ加えたりして、ひと工夫するようにする。例えば、ある場所への行き方を尋ねられた場合、具体的な行き方を伝えるだけでなく、その途中にある魅力的なスポットや、その場所をより楽しむことができる裏情報なども一緒に伝えるとよいだろう。また、食事を提供する場であれば、「手づくり」にこだわってみたり、季節と連動させてみたりすると、ほんの少しのことでも驚きや感動を生むことができる。

その結果

想定していなかった驚きや喜びにめぐり会える機会になり、そのこと自体がお客様にとって心に残る体験になる。また、常に「もっとできることはないだろうか」「どうしたらもっと喜んでもらえるだろうか」という姿勢で日々を過ごすことは、自分たちをより前進・成長させることにつながっていく。そこに自分らしさが表れることで、自分自身の楽しみにもなり、やりがいにつながるのである。

第二部

チームごと
Hospitality Team

お客様との関係を
「チーム事(ごと)」であると捉え、
チームみんなでおもてなし。

Pattern
No.10

Category
A：
お客様との心地よい
関係性を築く

Group
心に残るサービスを提供する

お客様に常によい体験を提供していきたい。

その状況において

自分とお客様との関係がよくなるだけでは、他の人が対応したときに、期待されているようなおもてなしにならない可能性が出てきてしまう。 せっかくお客様とのよい関係が築けたとしても、自分がいない日やいない場所で、いまひとつの対応になってしまうかもしれない。しかし、どんなに頑張っても、自分一人でできることには限りがある。

そこで

お客様について自分が接した際に知ったことがあれば、一緒に取り組んでいるチームのメンバーにも伝え、各自が自分こととして捉え、チーム全体で連携してよい経験をつくっていけるように動いていく。 目の前のお客様に対し、自分一人だけで何かするだけでなく、自分たち全員でお客様の体験をつくっているのだということを意識する。例えば、ホテルであれば、受付やレストランや掃除の行き届き方などは、すべてお客様から見ればこのホテルでの経験であることを意識し、チームで協力して高め合う。チーム内で情報を共有する際には、「こういうふうにしたら、こう喜ばれた・感謝された」という具体的なレベルですると よく、そのような共有の場をチーム内で設けるというのもよいだろう。

その結果

自分だけでなく、他のチームメンバーとの関係もよりよくなり、お客様がいつ来てもどの場面でも、安心して心地よく過ごすことができるようになる。そうなると、ますますお客様に「自分のホーム」だと思ってもらえるようになるだろう。さらに、そうやって、チーム全体でよりよいおもてなしができるということが、自分たちのモチベーションや責任感につながり、チーム全体のおもてなしの質が向上する。

B：地域・分野の魅力を引き出す

・地域・分野を知る
　No.11　面で迎える
　No.12　好きから入る
　No.13　面白がり力

・魅力的に紹介する
　No.14　裏側のストーリー
　No.15　自分なりのおすすめ
　No.16　ローカルな楽しみ方

・心に残る経験をプロデュースする
　No.17　偶然を楽しむ余白
　No.18　出会いのデザイン
　No.19　ひとつながりの経験

第二部

面で迎える
Whole Community in Mind

自分たちが拠って立つ
地域・分野全体で迎えるという意識を持つ。

Pattern
No.11

Category
B：
地域・分野の魅力を引き出す

Group
地域・分野を知る

**自分たちの提供する価値や、
できることを考えていきたい。**

その状況において

自分たちが持つ強みや特長を活かそうとして、それらを磨くことに注力しても、周囲と断絶してしまうと、その力を発揮できなくなってしまうことがある。自分たちは自分たちだけで存在しているのではなく、自分たちを取り巻く環境、例えば、地域・分野などのなかに存在している。お客様は、自分たちが提供するものやことを単体として経験することはほとんどなく、その地域や分野などを味わうなかの一つの要素として見ている。そのため、自分たちが、周囲とのよい関係や重なりがないと、提供するもの・ことも部分的で断片的なものになってしまう。

そこで

自分たちが位置している地域・場所や属している分野・業界のことなど、全体を意識して、自分たちに何ができるか、どうあるべきかを考えていく。自分たちが拠って立つ地域や分野は、自分たちにとっての前提条件であり、重要な環境である。その歴史や文化、そこにいる人々とのつながりを取り入れていくことが、自分たちの価値を高めていくために不可欠であると認識し、地域・分野との結びつきを意識し、強めていく。日頃から周囲に出向き、そこにいる人たちとつながったり、学ぶ機会を活かしたりするとよい。

その結果

自分たちの周囲に目を向け、その文脈の中で自分たちの立ち位置を考えていくことで、そこにあるからこその特徴を取り入れつつ、自分たちならではの固有性を構築していくことができる。また、このような活動・交流をつくろうとすることで、その地域・分野の人たちとの関係が深まっていく。それはやがて、地域・分野全体の力を高める協力関係の土台となっていく。

第二部

好きから入る
Passion-Driven Approach

自分が好きなことを切り口に、
そこにいる人たちと深くつながる。

Pattern
No.12

Category
B：
地域・分野の魅力を引き出す

Group
地域・分野を知る

自分の地域・分野のことを学んでいきたい。

その状況において

仕事を通して周囲と関わるだけでは、仕事上での出会いの機会ややりとりの内容にとどまりやすく、地域・分野を深く知っていくことは難しい。 その地域や分野の「らしさ」はそこにいる人々の多様な暮らしや活動・価値観によって生み出されているが、業務上のやりとりで触れる情報だけでは、その地域や分野のごく一部分・一側面しか見ることができない。また、仕事のなかで関わる人とは、仕事上のやりとりを超えたつきあいになることはなかなか難しい。

そこで

自分の趣味や好きなことを切り口にしてその地域・分野の人とつながっていくことで、自分なりのネットワークをつくり、地域・分野のことを深く学んでいく。 例えば、寺社仏閣が好きならば休日にそれらを巡ってみたり、釣りが好きならば地元の人によい場所を教えてもらい実際に出向いてみたりするとよい。美しい風景に興味があるのであれば、地元の人に聞いたり、自分で探したりして、絶景スポットに行ってみるというのもよいだろう。自分の興味を軸として地域・分野を深く知ることを楽しみながら、そこで出会う人たちと関係を深めていくのである。

その結果

仕事上のつきあいからだけでは生まれ得なかった、いろいろな人たちとのつながりが生まれる。共通した趣味を持つ人同士ならば、話が盛り上がり、関係も深くなりやすく、そこからさらに生まれる出会いや、得られる情報を通して、地域のいきいきとした面を知ることができる。ゆくゆくは、そのネットワークと自分の仕事を掛け合わせることで、自分にしかできない新しいコンテンツやサービスを生み出していくこともできるかもしれない。

第二部

面白がり力
Excitability

どんなことでも、
自分なりの面白いポイントを
見出していく。

Pattern
No.13

Category
B：
地域・分野の魅力を引き出す

Group
地域・分野を知る

自分の地域・分野のことを幅広く学んでいきたい。

その状況において

仕事で必要だからと学び始めようとしても、なかなか学びのモチベーションは高まらない。自分がもともと興味のあることについて学ぶのはたやすいものであるが、特に興味がないことについては、頭では必要だとわかっていても、それを学ぶことにはあまり気が乗らないものである。そういうときに、気合いで自分を奮い立たせてみても、あまり自分に入ってこない上に、モチベーションを長続きさせるのは難しく、途中で挫折してしまうだろう。

そこで

その地域や分野のことについて学ぶ際に、自分が面白いと思える観点で眺め、興味を持って学ぶことができるようにする。例えば、自分が食べることが好きならば、食の観点からその地域・分野のことを見ていく。あるいは、もし自分がビジネスに関心があるのであれば、催しの運営体制や収益構造の観点から見てみるのもよいだろう。面白いと思える観点を得るために、みんながどこに面白味を感じているのかや、どのように楽しんでいるのかを尋ねてみるのもよいだろう。

その結果

その地域・分野について、はじめは興味を持てなかった面についても、楽しく学んでいくことができる。最初は自分が好きだ・楽しいと感じる観点で探っていったとしても、次第にもっと知りたいと思えるような不思議・不可解な点が見えてきたり、その対象に愛着を感じたりするものである。知れば知るほど、興味深く思えてくることも多い。さらに、自分が興味を持っている観点から知ることになるので、お客様におすすめするときにも、その魅力を自分なりの視点や語り口でいきいきと伝えることができるようになる。

第二部

裏側のストーリー
Background Story

「実は……」、
その語りがさらなる魅力を引き出す。

Pattern
No.14

Category
B：
地域・分野の魅力を引き出す

Group
魅力的に紹介する

お客様におすすめの物や場所などを
伝えようとしている。

その状況において

おすすめしたい情報を、わかりやすく紹介するだけでは、お客様をワクワクさせることはできない。今や多くの情報はそこに行く前にガイドブックやインターネットで調べることができるため、簡単な紹介程度の情報であれば、お客様は事前にリサーチしていることも多い。そのため、何かをおすすめする際に、それらと同じレベルの内容を伝えるだけでは、ワクワクや感動を与えることはできない。

そこで

おすすめの物や場所そのものについてだけでなく、ちょっとした背景や成り立ちのストーリーも併せて紹介する。何かを紹介する際には、ガイドブックやインターネットには載らないような、その地域・分野の人だからこそ知っている話や、自分が見て回って感じ取った体験談などを添えるようにする。そのなかで、質問を受けたりすることがあれば、知っている範囲で答えることで、より味わい深い経験になるきっかけを提供することができる。

その結果

おすすめしたい商品やサービス、コミュニティそのものだけでなく、それが生まれてきた経緯やエピソードを知ってもらうことで、より深い理解や興味を生むことができる。また、自分にとっても、価値や魅力を語り・伝えるという責任感を持つことで、地域・分野についての学びを深めるモチベーションにつながる。さらに、そのような語り部になることで、地域・分野全体への貢献にもなり、自分が地域・分野にとって大切な存在になっていくこともできるだろう。

第二部

自分なりのおすすめ
Personal Suggestions

単に情報・事実だけでなく、
自分なりの観点や感想も添えて
おすすめする。

Pattern
No.15

Category
B：
地域・分野の魅力を引き出す

Group
魅力的に紹介する

お客様にとって価値のある案内・紹介ができるようになりたい。

その状況において

一般的に知られている情報・事実をお伝えするだけでは、プロである意味がない、ありきたりな案内・紹介になってしまう。案内や紹介においては、個人的な意見を言うのではなく、事実や一般的な評価に基づいた情報提供をしなければならない。しかし、よく知られている情報は、お客様がすでに知っている場合も多く、仮に知らないとしても、単なる情報提供以上の価値を生まない。

そこで

お客様に何かをおすすめするときには、基本的な情報に加えて、自分の視点や経験、思いも添えて伝える。例えば、「この店はこの料理で有名ですが、個人的にはこの料理が私のイチオシなので、よかったら試してみてください」など、人によって感じ方は違うということを念頭に置きつつも、「私はこう思います」と伝えることで、厚みのある情報にすることができる。「私はこのお寺の奥行きの感じがとても素晴らしいと思っています」などと、自分だからこその観点があると、「この人に聞いてよかった」と思ってもらえるようになる。また、自分の実体験や思いに基づいて伝えようとすると、伝え方にも熱が入り、聴く人をワクワクさせるものである。

その結果

ここで自分からしか聴くことができない情報を提供することができ、お客様の判断の材料を増やすことができる。また、お客様がすでに経験したことのあるものやことであっても、新たな視点から異なる魅力を知ることになれば、違う観点で楽しんでもらうことができるだろう。個人の好みには違いはあるものの、自分なりのおすすめを繰り返していくことで、次第にお客様に称賛されるおすすめの基準がつかめてきて、おすすめの質が上がっていくだろう。

第二部

ローカルな楽しみ方
Like a Local

地元の人や常連の人に
同化する楽しさ。

Pattern
No.16

Category
B：
地域・分野の魅力を引き出す

Group
魅力的に紹介する

お客様にこの地域や分野を
深く味わってもらえる情報を提供したい。

その状況において

サービスや場などについてメディアで紹介されている情報は、訪れてきた人が非日常として楽しむことに重点が置かれていることが多く、その地域・分野の本来の楽しみ方とは異なることがある。お客様は、その地域・分野の雰囲気や文化を楽しみ、そこらしさ・それらしさに触れたいというニーズを持っていることが多いが、一般に来訪者向けの情報は、短期間で楽しめるように商業的につくられたものだったり、別の要素が盛り込まれていたりすることが多い。

そこで

その地域で暮らしている人たちやその分野に慣れ親しんでいる人、あるいは常連の人たちの楽しみ方を伝え、それを味わうことができる情報も提供する。地域の人たちが気に入って通っているお店や、この地域の良さが感じられる地元の人が集まるスポットがあれば、それらを紹介してみる。そのために、日頃から自分がその地域・分野のイベントに出かけるなど、交流を持ち、自ら楽しむとともに、そこにいる人たちが、外の人が来ることをよいと思うかなども確かめておくとよい。また、周囲の人たちがどこでどのように楽しんでいるのかということに敏感になったり、教えてもらったりするのもよいだろう。

その結果

ローカルな目線での地域・分野の楽しみ方を共有することで、その雰囲気・文化を感じられる機会を提供することができる。対外的な側面ではなく、その地域・分野の人であるかのような体験をすることを通して、お客様に地域・分野の素の姿を味わってもらうことで、また来たい・浸かりたいという気持ちが生まれるかもしれない。その結果、地域であれば第二・第三の心の故郷（ふるさと）として、分野であれば自分のなじみの場として、愛着を持ってもらえるだろう。

第二部

偶然を楽しむ余白
Room for Serendipity

そのときどきの感動や自由を
十分に味わうことができるプランを
提案する。

Pattern
No.17

Category
B：
地域・分野の魅力を引き出す

Group
心に残る経験を
プロデュースする

お客様にその地域・分野の楽しみ方を
提案しようとしている。

その状況において

きっちりと中身の詰まったプランを組んでしまうと、お客様がそのときどきに感じたふとした気づきや、その場で生まれた興味を大切にすることができなくなってしまう。多くのことを知って楽しんでもらいたいと思っていると、おすすめの情報や楽しみ方を隅々までつくり込んでしてしまいがちである。しかし、計画されたものにそのまま従うだけでは、お客様にとっては、順にスケジュールをこなしていくような受動的な経験になってしまうかもしれない。

そこで

感動や驚きなど、そのときの気持ちをじっくり味わえたり、偶然の出会いを楽しむことができたり、またそのときに自分で選ぶ楽しさを感じられたりするような、余白のあるプランを提案する。例えば、「ここに行くときに通る、この道沿いにはいくつか素敵なお店がありますよ」というように、そのときどきの成り行きや自分の気分で選べる余地を入れ込んでおく。また、おすすめしたいことがたくさんあり、削りにくいときは、会話の中で感じとったその人の興味などを考慮しながら、優先順位をつけていく。

その結果

お客様の準備のサポートもしっかりしつつ、お客様自身の主体的で自由な行動を大切にすることができる。こうしてお客様にとっては、出会った人との会話が楽しかった、なんとなく惹かれて入ったお店で食べたご飯が美味しかったなど、ちょっとしたことで印象深い思い出をつくることができるだろう。また、その場その場で好みに合わせて選んでもらえることで、より自分に合った経験にしてもらうことができる。

第二部

Pattern
No.18

出会いのデザイン
Designing Encounters

そこで生きている人々に
思いを馳せることができる
つながりを。

Category
B：
地域・分野の魅力を引き出す

Group
心に残る経験を
プロデュースする

おもてなしデザイン・パターン

お客様に、この場を離れても
ときどき思い出してもらえるような時間を過ごしてほしい。

その状況において

お客様が今ここでめいっぱい楽しんだとしても、その場所から離れたら忘れられてしまうかもしれない。その場で楽しく満足度の高い時間を過ごしてもらえたとして、そこでの体験がどんなに素晴らしかったとしても、時間が経てば、その記憶は薄れていってしまうものである。何度も思い出し、また行きたいと思うような心に残る思い出になることはなかなか難しいものである。

そこで

お客様がその地域・分野の人に出会えるように紹介し、人と人とのつながりができるように橋渡しをする。例えば、その地域で昔から活動している陶芸家や農家、また、最近面白いことを展開しているキーパーソン、シェフや常連など、そういう現場の人との出会いをつくると、ここで生きる人々の世界の一端に触れることができ、より味わい深い豊かな体験を提供することができる。また、そこで暮らす人と話し、その人の日常に触れることで、「あの人は元気かなぁ」「この時間はまた、あそこに座って、つくっているんだろうな」などと思いを馳せることができる記憶になる。

その結果

そこに生きている人と出会うことで、その人の人生と自分の人生がクロスし、かけがえのない体験・思い出が生まれる。物や景色だけでなく、人をリアルに思い起こすことで、この地域・分野のいきいきとした時間を想像でき、そういった気持ちのつながりは、離れていてもお客様の心に時折あたたかな気持ちをもたらし、人生に彩りを添えることになるだろう。

第二部

ひとつながりの経験

Complete Experience

「人つながり」で
「一つながり」になっている
経験全体をプロデュースする。

Pattern
No.19

Category
B：
地域・分野の魅力を引き出す

Group
心に残る経験を
プロデュースする

お客様の心に残るような経験を提供したい。

その状況において

自分が直接関わる範囲でベストなおもてなしをできていたとしても、それは断片的な経験を提供したに過ぎないかもしれない。お客様はこの地域や分野において、様々な人と接し、様々な経験をすることになるだろう。自分が直接関わらない部分だからと何もしないと、自分が関わっていないところでいまひとつの体験をしたり、流れを欠いた残念な時間を過ごすことになったりしてしまうかもしれない。

そこで

その人が体験するであろう様々な場面を一つのつながったものとして捉え、その全体の質を高めるためにできることを考えて連絡や手配をしていく。例えば、自分がおすすめして行くことになったお店に、ひとこと連絡を入れておくと、「向こうに待ってくれている人がいる」という気持ちが持てる状況になり、そこに向かう移動時間も含めて「ひとつながりの経験」になる。自分が関わっている今だけでなく、前後の一連の流れを意識し、その経験全体がよりよいものになるように、トータルにプロデュースする心づもりでいる。そのためには、自分たちや、自分たちがいる地域・分野の成り立ちを知り、日頃から関連するたくさんの人々と交流し合うようにするとよい。

その結果

良し悪しが混在する断続的・個別的なシーンの寄せ集めではなく、一つのつながった素晴らしい経験として、心に残るものを提供することができる。仲間や周りの人たちと、お客様の経験全体をよりよいものにすることができれば、協働してより大きな価値を生み出すことができる自分たちの可能性を認識することにもなる。

第二部

C：地域・分野の これからをともにつくる

- 地域・分野とつながる
  - No.20 想いの発信から
  - No.21 ご近所からの歓迎
  - No.22 多業種のつながり

- 新しい魅力・価値を加える
  - No.23 雑談からの発想
  - No.24 外から見た良さ
  - No.25 価値の増築

- 地域・分野全体を盛り上げる
  - No.26 魅力の持ち寄り
  - No.27 みんなでつくる
  - No.28 世界へのアピール

第二部

想いの発信から
Envision Out Loud

自分たちのコンセプトを
根気よく伝えていく。

Pattern
No.20

Category
C：
地域・分野の
これからをともにつくる

Group
地域・分野とつながる

この地域・分野のなかでこその
自分たちの価値をつくっていきたい。

その状況において

自分たちが地域・分野の価値や魅力を取り入れているだけで、一方的に資源を利用するフリーライダーのようになってしまうと、徐々に周囲から孤立してしまう。地域・分野全体の活性を考えられていなかったり、盛り立てていこうとする想いを持って活動していてもその想いが知られていなかったりすれば、周囲によくない印象や反感が生まれてしまう。そうなると、地域・分野のなかでよい関係を築くことはできず、一緒に力を合わせていくこともできない。

そこで

自分たちのコンセプトを、地域・分野の人たちにしっかりと根気よく伝え、一緒に価値を生み出していく仲間となれるよう、コミュニケーションを図っていく。まず、自分たちの目指す姿を熱く伝え、周囲の人にも理解してもらえるようにする。その上で、周囲の人たちの想いも聞きながら、自分たちがどのように取り組んでいこうとしているのかをきちんと伝える。そこに長くいる人、外からきた人、多様な人々にとって、どのような地域・分野であるとよいのかを、自分たちなりに考え、話し合っていけるとよい。

その結果

地域・分野の人たちの共感や納得を得ることができ、協力し合って取り組みを進めていくことができる。また、そうなると、自分たちの活動に責任感と誇り、そして自信を持つことができ、しっかりと着実に進んでいく力となる。これによって、地域・分野の価値が上がると、付随して、世の中に対して自分たちができることも増やしていくことができるようになる。

第二部

Pattern
No.21

Category
C：
地域・分野の
これからをともにつくる

Group
地域・分野とつながる

ご近所からの歓迎

Welcoming from Neighbors

「いてくれてよかった」と
言ってもらえる存在になる。

新しい動きをつくって、
地域・分野を盛り上げていきたい。

その状況において

新しい価値を生むことに集中し、視野が狭くなっていると、その地域・分野の人からネガティブな印象を持たれるものになってしまうことがある。今までにない価値をつくろうとする試みや新規顧客に向けたサービスなどは、その地域・分野にすでにいる人たちからすると、これまでのバランスを崩しかねず、悪い評価を生むものになる可能性がある。そうなると、自分たちも自分たちのお客様も居心地が悪くなってしまうだろう。

そこで

これまでその地域・分野をつくってきた人たちに対しても価値を提供したり、相乗効果を出したりする存在になれているかを常に意識し、また、そうなるためにはどうしたらよいかを考える。自分たちの取り組みが、ターゲットとしているお客様だけでなく、その地域や分野の人たちにとってもよいものであるのかや、地域・分野に何らかの悪影響を生み出していないかをいつもチェックする。そして、何か問題があるのであれば改善し、地域・分野の人にも歓迎される存在になれるように変わっていく。

その結果

地域・分野にもともといる人たちに認められることで、安定して質の高いサービスをしていくことができる。また、お客様にも自分たちが地域や分野になじみ、愛されているという安心感と居心地の良さを提供することができる。そのことは、自分たちの価値だけでなく、地域・分野の価値を上げることにもつながっていく。

第二部

多業種のつながり
Cross-Industry Networking

自分たちの
業界内・関係者内で
閉じない。

Pattern
No.22

Category
C：
地域・分野の
これからをともにつくる

Group
地域・分野とつながる

おもてなしデザイン・パターン

外から見た良さ

Fresh Eyes

内側にいながら、
外からの視点を活かす。

地域・分野のなかで、
業界内や関係者のつながりができてきた。

その状況において

業界内や関係者だけでつながり、関係を強くしていったとしても、提供できるものに広がりが出ない。例えば、観光を例にとると、ホテルやレストラン、名所で連携したサービスができたとしても、その他の地域の商店や施設と断絶していたり自分たちの想いが共有できていなかったりすると、その地域におけるお客様の経験全体の質は下がってしまうかもしれない。しかしながら、それらのお店は、自分たちのことを同業種や連携すべき相手だと思っていないので、その意識を強いるのは筋違いとなる。

そこで

自分たちの業界内・関係者内で閉じずに、多業種の人たちとつながり、連携できる可能性のネットワークを広げていく。多業種の人とつながるために、仕事上のつながりだけでなく、日頃からお気に入りの店を見つけて足を運んだり、他業種の方と出会うことができる場に出かけてみたりする。そのなかで、それぞれの困りごとや感じていることを共有し、よりよいあり方について話し合い、ともにイメージができるようにしていく。

その結果

その地域・分野での全体としての一体感のある雰囲気が魅力につながり、地域・分野全体がよい印象となっていく。こうした地域内でのネットワークがあることで、連携していける可能性は広がり、より大きな意味でのおもてなしへとつなげていくことができる。

Pattern No.23

雑談からの発想
Ideas from Conversations

企画のアイデアは
何気ないおしゃべりの中に。

Category
C：
地域・分野の
これからをともにつくる

Group
新しい魅力・価値を加える

地域・分野で新たなサービスをしたいと考えてい

その状況において

地域・分野のためにと思いながら企画を考えても、地域・分野
のあるものになるとは限らない。企画会議などで自分たちだけで
ための企画」や、思いを押し付けるような企画になってしまう
といって、地域・分野の人に何をしたらよいかを尋ねても、企
いことがある。

そこで

つながりのある周囲の人たちとの何気ない会話の中から、やりた
解決したい課題をすくいあげ、一緒に取り組むことができる企
ていく。日頃からこまめにいろいろなお店や場所に足を運んだ
のイベントに参加したりして、何気ない会話ができるなじみの
そしておしゃべりの中で、これから進みたい方向性や今抱えて
していく。そのなかに、もし自分たちが協力できることや一緒
があれば、声かけをして一緒に取り組むようにする。

その結果

周りの人たちも望んでおり、自分の方向性にも合う企画を生み
また、地域・分野の人たちの声からできた企画は、その人たち
いという気持ちも生まれ、企画の実現へのモチベーションも高
地域・分野の人たちとともに企画を立てて実行するという共有
らなる取り組みがしやすい土台ができていく。

地域・分野の魅力を活かした企画や発信をしていきたい。

その状況において

地域・分野の魅力や独自性や発展可能性(ポテンシャル)は、その地域・分野に詳しくなければわからないが、ずっとそこにいる人には見出すことは難しい。本当は魅力なもの・ことであっても、ずっとそこにいる人には当たり前になっているため、その魅力に気づきにくいものである。また、独自性は他との比較で明らかになるものなので、他の地域・分野についても知っていなければ、独自性を把握することが難しい。だからといって、外部の人が、その地域・分野をよく知らないままで、その魅力や独自性を特定することも難しい。

そこで

その地域・分野の中にいながらも、外からの視点も持つようにし、その２つの視点を強みとして、地域・分野の魅力・独自性を引き出す。自分が外の経験を持っているならば、「外からの目」と、この地域・分野にどっぷりと浸かっている「内からの目」の両方を駆使して、過去や他と比較しながら、この地域・分野のどこに魅力があり、独自性があるのかをつかむ。また、自分がすでにその地域・分野にかなりいる場合には、意識して外に出る機会をつくったり、地域・分野の外の人に企画の場に参加してもらい、外からの視点を補完したりするとよい。

その結果

もともと長く携わっている人だけでは気づくのが難しい、地域・分野の魅力や独自性を発見することができる。このことは、地域・分野の隠れた良さを再認識するとともに、自分たちがこの地域・分野にいる意義も再確認することになる。また、新しい視点を持ったサービスや価値が生まれることで、これまでとは違う活性化になるかもしれない。

第二部

価値の増築

Renovating Values

新築するのでも改築するのでもなく、価値を「増築」していく。

Pattern
No.25

Category
C：
地域・分野の
これからをともにつくる

Group
新しい魅力・価値を加える

地域・分野をより魅力的にする企画を考えたい。

その状況において

その地域・分野に昔からあるものが今は魅力的に捉えられないからと、まったく別のものを持ち込んでしまっては、その地域・分野でやっている意味を失うだけでなく、本来持っていた良さまで損ねてしまうかもしれない。昔から続く価値あるものが、時代の流れとともに魅力を失ったり、古く見えてしまったりすることがある。しかし、それらを完全に捨て、いま集客ができるだろうと流行りのものを持ち込んでしまっては、その地域・分野の歴史と断絶し、そこに存在している自分たちの価値を将来的には下げてしまうことになりかねない。もしかしたら、それによって、その地域・分野が本来持っていた良さも失われてしまうかもしれない。

そこで

いまあるものに潜んでいる価値を見極め、それを活かしながら、そこに新しい魅力を加えた企画にしていく。その地域・分野に昔からあるものをそのまま使うのでも、まったく新しいものをつくってしまうのでもなく、今あるものに対し、これまでとは違う意味づけやストーリーによって、新たな魅力を加えて価値を高める。外からの目を存分に使いながら、持っている歴史や文化と今の世の中の流れをつなげ、新しい文脈の上で語り直していく。

その結果

それまであまり魅力的に感じられなかったものも、新たな輝きを持って位置付け・再発信できるようになる。このことは、自分たちがまさにこの地域・分野のなかで取り組んでいるということの意義を明らかにする。さらに、このことは、自分たちが地域・分野を壊す存在ではなく、それらを大切にしながらともによりよくしていく仲間として認識してもらえることにつながる。

第二部

魅力の持ち寄り
Attraction Gathering

地域・分野の「お気に入り」を持ち寄り、
魅力のブレイン・ストーミング！

Pattern
No.26

Category
C：
地域・分野の
これからをともにつくる

Group
地域・分野全体を盛り上げる

地域・分野についての新たな魅力を発信したい。

その状況において

地域・分野の新たな魅力を捉えようとしても、ごく個人的でニッチな観点か、すでに多くの人が認識しているような一般的な「ウリ」から抜け出せない。自分が個人的に好きなことは、検討する価値はあるものの、いまだ取り沙汰されていないということは、ごく一部の少数の人にしか魅力に思われない可能性も高い。また、特産物や伝統工芸など、これまでも大切にされてきたものは、すでに知られているので、再度発信しても新たな価値を感じてはもらえないだろう。

そこで

周囲の人たちとともに、各自が好きな場所やお気に入りの物、感動したエピソードなどを、理由とともに出し合い、みんなで魅力を再発掘する。地域・分野にいる人たちやそこによく来る人たちと集まり、好きなところを、付箋やホワイトボードや模造紙に書き出していく。いわゆる「ブレイン・ストーミング」の要領で、次々と思いつくものを挙げていく。カテゴリーや種類、抽象・具象のレベルなどは気にせず、頭に浮かんだものを次々に挙げていくのである。そのとき、どうしてそれが好きなのかという理由も語り、共感する人は声を出すようにしていく。そうすると、その地域・分野の知られざる魅力がたくさん得られるとともに、複数人のお気に入りの重なりや、共感的な反応などを知ることもできる。

その結果

この地域・分野の様々な魅力が一望でき、アピールの材料とすることができる。一度、文字に書き出していると、一つひとつをじっくり語り直してみたり、それらを分類して傾向をつかんだりと、いろいろな展開が可能となる。このような場を持つことで、地域・分野の魅力をみんなで再確認できるとともに、地域・分野の誇りを持つという共有体験の機会にもなる。

第二部

みんなでつくる
Cultivating Collaboration

地域・分野全体の価値を
ともに高めていく。

Pattern
No.27

Category
C：
地域・分野の
これからをともにつくる

Group
地域・分野全体を盛り上げる

地域全体でお客様への価値を高めていきたい。

その状況において

一部の人だけが地域を活性化するという体制になると、その人たちに無理がかかったり、関わっている人とそうでない人の間に乖離が生まれたりしてしまう。 どちらかが一方向に何かをするという関係性は、その一方を疲弊させてしまい、持続的によい動きにしていくことは難しくなる。また、それぞれの立場の人が考え、工夫し、新しくつくっていかなければ、全体的な変化や成長を起こすことはできない。

そこで

その地域・分野のいろいろな人たちが、全体としてよりよい場になるように力を合わせて一丸となれる工夫をしていく。 まず自分たちがその一翼を担えるように、地域・分野の催しや行事に参加するだけでなく、その運営にも積極的に関わっていき、地域・分野発の盛り上がりを周囲の人たちとともにつくる立場になる。うまくいけば、自分たちにもよいことがあるように設計したり、盛り上がったりできる工夫をするとよいだろう。

その結果

地域・分野の重要な一員としてともに地域をつくっていくことで、そこが本当の意味で自分たちの地域・分野になるとともに、地域・分野にとっても自分たちがかけがえのない存在になっていく。このようにして、皆で前向きに動いていけると、お客様を地域・分野全体で迎え、人々との出会いをつくり、おもてなしすることができるようになっていく。そして、その地域・分野が魅力的であり続けることにつなげることができる。

第二部

世界へのアピール
Appeal to the World

おもてなしを突き詰め、
外の世界に広げていく。

Pattern
No.28

Category
C：
地域・分野の
これからをともにつくる

Group
地域・分野全体を盛り上げる

地域・分野とともに魅力的な取り組みをしている。

その状況において

どんなに魅力的なことをしていても、そのことを知ってもらえなければ、その取り組みの価値がより大きくなっていくことはない。現場での取り組みに注力していると、それを外の人へ伝えるということが疎かになってしまうことがある。しっかりと考えて魅力的な取り組みをしているからこそ、より多くの人にそれを体験してもらう機会を提供したいものである。

そこで

自分たちが取り組んでいることを、その地域・分野の魅力とともに、国内外に向けて発信する。自分たちが取り組んでいることの魅力が最大限に伝わるように、コンセプトや思いをしっかり込め、魅力的な写真とストーリーも添えて、Webや紙媒体などで積極的にアピールしていく。また、自分たちの取り組みや考えをイベント等でも語り、関心のある人に知ってもらえる機会を増やす。もちろん、国内だけでなく、海外にも魅力的に見えるように発信していくとよい。

その結果

自分たちの地域・分野に興味を持ってくれる人や取材してくれる人が増えると、来てくれるお客様も増加し、多くの人にその価値を提供することができるようになる。また、世の中で話題になることで、同じような志を持った他の地域や人との交流が生まれたりもするだろう。そのようにして取り上げられることは、取り組んでいる自分たちや地域・分野の人たちの誇りにもなり、これからの取り組みへの大きな推進力となる。

6人の場合

ここでは、おもてなしデザイン・パターンでご紹介した
「創造的おもてなし」を実際の現場で実践するアクター6名の、
普段考えていることや具体的なエピソードをご紹介します。

第二部

① この島に来てくれて、ありがとう
「島のために」を合言葉にしたインストーラー

山森 薫
Kaoru Yamamori | 沖縄UDS株式会社 ディレクター

東京都出身。町場のレストランからイタリアへ渡り、GUCCIのカフェやブルガリのレストランのほか、ザ・リッツカールトン沖縄、アマン東京など、5スターにて経験を積む。「クリエイティブなホテルマン」を目指すべく39歳で沖縄UDSに入社。新規ホテルの開業準備やレストラン企画、モノづくり企画など、幅広いジャンルの仕事に参画。

Pattern No.1　創造的おもてなし

これまで様々な5スターホテルの現場を経験してきましたが、その多くは「会社が決めた方針に沿って動く」というものでした。自分や部下が持っているアイデアを叶えられないことへの悔しさが募り、「自ら決定できる環境のなかでアイデアを具現化する力を養おう」と、今の会社に飛び込みました。チームづくりでは「弱気のマネジメント」と「WHYを問うこと」を意識しています。自分の思いをストレートに伝えるのではなく「これどう思う？」と相談すると、本人は自分で考えるようになります。そして「なぜそうしたのか」「なぜここで働くのか」と常にWHYを投げかけ、自分なりに導き出したWHYを起点にものごとを捉えるよう促すのです。「自分のアイデアに責任を持ち」「自発的に考えながら」「WHY起点で考える」。そのことが、お客様に心から喜んでいただくための創造的おもてなしにつながると思います。

インタビューの様子。HOTEL LOCUSにて。

他拠点のオープニングスタッフのトレーニングにも出向く。

Pattern No.11　面で迎える / Pattern No.21　ご近所からの歓迎

ホテルでお客様をお迎えするという仕事は、どうしても視点が内向きになりがちです。しかし実際は、宮古島でホテルを運営するというとき、お客様は宮古島の体験を求めていらっしゃいます。つまり、島があってこそ、自分たちの仕事や存在が成り立つということです。そのことを常に忘れずに日々の業務にあたろう、という思いから「for island」というサービスフィロソフィーを掲げました。ホテルとして、この島のために自分たちができることは何かを考え、それを実行しようと呼びかけています。お客様に対して「ホテルに来てくれてありがとう」ではなく、「この島に来てくれてありがとう」という気持ちを持ち、島の人から「ホテルがこの島に来てくれてよかった」と言っていただけることをゴールにしています。

Pattern No.10　チームごと

「for island」とともに大切にしている考えが「一番大切な人に来てもらいたいと思える場所にしよう」ということ。来てくださるお客様がホテルを後にするまでの、その間にある一つひとつの積み重ねで、お客様の満足度は大きく変わります。その一つひとつをつくるのは、言うまでもなくスタッフ一人ひとりです。「自分の大切な人に誇れる場になっているだろうか」という視点を全員が常に持てていれば、必然とお客様の満足度も高まっていきます。また精神的なことだけではなく、実際にあったよかった接客の事例や取り組みについても、チーム内で共有する場を設けています。お互いの参考になったり、刺激としてうまく作用したりしているようです。このようにしてチームの意識を高めることで、個人としてではなくチームとして、お客様をお迎えしていくんだという気運をつくっていくことを意識しています。

Pattern No.9　もうひと手間

私個人としては、お客様の記憶に残るサービスをしたいと常に考えています。例えば、カップルのお客様がいらっしゃり、男性がサプライズをお考えであれば、女性からのサプライズも同時に起こせないかと頭を捻ります。お客様がまだ経験されたことのない体験への踏み込みこそが、記憶に残る、忘れられないサービスにおける最重要のポイントです。

② 漁師も、ホテルマンも、私の仕事
唯一無二の職業を生み出すフロントランナー

高田 和大
Kazuhiro Takata

HOTEL LOCUS
フロントマネージャー / 素潜り漁師

鳥取県出身。西表温泉ホテルにて、フロント業務とアクティビティガイドを兼任し5年間勤務。その後日航アリビラのベルマンを経て、ザ・リッツカールトン沖縄の開業に携わる。2016年より沖縄UDSに入社し、2018年からは漁師としても活動を開始。週1回の「漁シフト」で獲った新鮮な魚をローカス内レストランで提供するほか、漁協の競りにも出している。

Pattern No.20　想いの発信から / Pattern No.21　ご近所からの歓迎

ホテル開業の約半年前から家族で宮古島に移住したのですが、特にはじめの頃は、「またホテル開発か」「どうせ島の魅力を食いつぶすんだろう」といった声が聴こえてくることもありました。ですが、私たちは「for island」というコンセプトを掲げ、「島の方々に『宮古島に来てくれてありがとう』と言ってもらえる企業・人になる」ことをゴールとしています。島のために何ができるかをメンバーで徹底的に議論し、「島の文化・歴史に興味を持ち、掘り下げる」ことや「島の観光資源を守る」ことなど、より具体的なアクションに落とし込んでいきました。そういった「島への想い」を明確にし、ビーチクリーンやその他の島のイベントに参加しながら、島の方々に伝え続けたんです。想いを実際の行動で示していくことで、ホテルのコンセプトが実績とともに伝わっていったように思います。そうして、少しずつではありますが、私たちの存在が島に受け入れてもらえるようになりました。

島のビーチクリーンに参加し、島の方々と交流。

美しい宮古島の自然を背景に、本日の獲物と満面の笑み！

Pattern No.16　ローカルな楽しみ方

ホテルのお客様に島の魅力を知っていただくには、やはり宮古島ならではの体験が必要だろうということで、島の人の協力を得ながらアクティビティやイベントを一緒につくっていきました。このとき大切にしたのが、お客様にとってはもちろん、島の人にとっても新鮮で楽しいものにしよう、という視点です。誰にも知られていない海岸線を探したり、島のものづくりに関わる人たちが集まって販売・試食・ワークショップを行うイベントを開催したりと、HOTEL LOCUSならではのローカル体験をつくり出すようにしています。

Pattern No.12　好きから入る

西表島でスピアフィッシング（魚突き）に出会い、それから趣味として15年間続けてきました。そんななか、HOTEL LOCUSの開業準備室で、レストランのコンセプトを決める打合せがあったんです。そこで、「生産者の顔が見えるレストランってやっぱり素敵だよね」という話題から、「ホテルアクターが獲った魚をレストランで提供できたら面白いね……あれ？ そういえば高田君、魚を獲ることが趣味じゃなかった？ この際、漁師になっちゃおうよ！」とその場が大いに盛り上がりましたね（笑）。それから全国でもめずらしい「ホテルマン×漁師」という取り組みに挑むことになったんです。紆余曲折ありましたが、晴れて宮古島の漁師になることができました。いまでは、地元の漁師さんから「すごい魚が獲れたけど、写真撮りに来る？」と電話をもらうほどで、島の漁師になるということをきっかけにして、地元の方々とより深い関わり・結びつきが持てるようになりました。

HOTEL LOCUS
ホテル ローカス

宮古島全体を魅力あふれるリゾートのフィールドとして、ホテルを拠点に様々なアクティビティを通じて感じていただく「もうひとつのリゾートステイ」を提案する体験型リゾートホテル。Hand Craft Design がデザインコンセプトの全100室のハーバービュー客室は、コンパクトなシングルルームからプライベートプール＆ジェットバス付きスイートルームまでゲストの滞在シーンに合わせて選択できる6タイプを用意。コンセプトショップやレストランも併設。　所在地：沖縄県・宮古島

3 ブランドのファスナーを開けて、「私」で向き合う
誰よりも京都を愛する看板コンシェルジュ

櫻井 暁子 Akiko Sakurai

ホテル カンラ 京都
宿泊支配人 / コンシェルジュ

福井県出身。子どもの頃、両親に連れられて毎月のように京都へ旅行するうちに、いつの頃からかホテルという空間が大好きに。京都市内の500室規模の大型シティホテルで勤務後、京都府の嘱託職員として府内各地域へのツアーを企画・実施。その後、大阪で新規開業の100室程度のサービスアパートメントの総支配人秘書を経て現職。

Pattern No.15　自分なりのおすすめ

観光のご相談にいらしたお客様への対応で常に心がけていることは、「情報」に加えて、自分でそれを体験してみた結果感じた「感情」も一緒に伝えるということ。「このお店がおすすめです」と言うよりも、「このお店のこれをぜひ食べてきてください！」「このお寺のここを観てきてくださいね」と、好きなことやこだわりを伝えられるかどうかで、お客様からの信頼度も変わってきます。何よりも、心からの「好き」をお伝えできていることが、自分自身、とてもうれしいんです。インターネットのおかげで、お客様もコンシェルジュも、事実として手にする情報量には差が出にくくなる時代だからこそ、ますます「自分はそれをどう感じたか」という情報に価値が出てくるはずだと思っています。これからはさらに、「どうせなら価値ある情報を伝えてくれる"あの人"のいるホテルに泊まろう」と、お客様がホテルを人で選ぶようになっていくのではないでしょうか。

お客様の反応を伺いながら観光プランを一緒に組み立てる。

より深くご案内するために、
東本願寺について事前勉強をさせていただいたことも。

Pattern No.5　フレンドリー&ポライト / Pattern No.6　キャラを立てる

目の前のお客様との会話に集中していると、お客様との距離が縮まっていき、ピタリと同じ感情を共有しているなと感じる場面があります。そんなときは、ホテリエでありつつ、自分の思いを隠すことなく伝え、お客様との会話を楽しんでいます。このように、ホテルというブランドのファスナーが開いて、中から素の自分が顔を出すような瞬間が度々あります。もちろんお客様によってその開き具合は調節していくことが必要なのですが、非日常の空間の中にも、そうやって自然体で接することができる時間は、お客様であるという前提はありつつ、「人」と「人」で接することのできる、パーソナルなおもてなし時間です。お客様のリラックスした表情や雰囲気から「心地よい」様子が伝わると、私自身もうれしく感じます。

Pattern No.3　その人への興味

コンシェルジュの仕事は、お客様の時間を一緒につくることだと思っています。少しでもよい時間を過ごしていただくためには、お客様が何を求めているか、どうしたらもっと心がほぐれるだろうかと、お客様のことをまず好きになり、あらゆることを想像し、そして考え続けることが大切です。これは私にとって、すべてのおもてなしのベースであり、毎日試行錯誤しながら繰り返しています。そのときどきのお客様の感情を引き出して、どこかに共感を得られるポイントはないか、自分と共感する点はないかと集中して探る感じは、まるでインタビューしているような気持ちですね。そうやって、お客様への興味のポイントを深掘りし、そのお客様だからこそ喜んでいただけるようなことをリアルタイムで考え、ご提案しています。

©Nacasa & Partners Inc.

ホテル カンラ 京都

築23年の教育施設をコンバージョンし、2010年秋に誕生。既存の構造を活かしながら、京都の伝統的な住宅形式の町家をモダンに表現した、細長い"マチヤスタイル"のデザインが特徴。2016年10月に39室の増床を行い、「継承と革新」をデザインコンセプトに、カフェ&ショップ、レストラン、スパも新たにオープン。

所在地：京都府京都市

④ 使命は、アーティストの社会的地位を上げること
アートで人の流れをつくるホテリエ兼キュレーター

上田 聖子
Masako Ueda

ホテル アンテルーム 京都
支配人 / アートキュレーター

滋賀県出身。10代の頃に見たアンディー・ウォーホルの個展をきっかけにイギリスへ美術留学。アーティストのアシスタント等を経て帰国し、プロダクトデザインの会社で海外営業を経験。当時の同僚がアンテルームの開業に関わったことをきっかけに2011年UDSへ入社。入社時よりギャラリーの企画・運営を担当し、2017年より現職。

Pattern No.12　好きから入る

もともと美術畑の出身ということもあり、ホテリエでありながらも「アンテルームのアートキュレーター」としてメディアにも露出し、ホテルと自身の認知度が上がりました。また、キュレーションという切り口で地元のクリエイターや企業、大学とのつながりをつくり、「地域ブランドコーディネーター」にも選んでいただいています。そんななか、2017年に実施したデヴィッド・ボウイの写真展は印象的でした。ホテルの閑散期にあたる6月から初夏にかけてこの企画を誘致し、ホテルの売上に貢献できたのはもちろんのこと、展示を目的に遠方から京都まで足を運んでくださる方も多く、感じたことのない熱気がホテルにありました。ボウイのコンセプトルームには、京都の老舗・一保堂茶舗さんのお抹茶をおもてなしとしてお部屋にご用意するなど、アートをきっかけにして、集客・発信の観点から、まちへの貢献ができました。

ギャラリーに面したフロントでお客様をお迎えする。

デヴィッド・ボウイ写真展「DAVID BOWIE by MICK ROCK」
特別コンセプトルーム ©DAVID BOWIE by MICK ROCK

Pattern No.21　ご近所からの歓迎 / Pattern No.18　出会いのデザイン

まちにホテルができるということは、ポジティブ/ネガティブの両面があります。静かに暮らしていたのに人通りが増えてしまったと、よく思われない方もいるかもしれません。そんな状況を少しでもポジティブに変えていけたらと、アンテルームの周囲の文化施設や、文化的な活動をしている人をご紹介するような「文化祭」を企画・実施したことがあります。ホテルに泊まるだけではなく、まちの人やお店とゆるやかにつながれるような場をつくることで、ゲストにとってもまちの人にとっても、生まれなかったはずの接点や新たな流れをつくり出せたと思っています。

Pattern No.10　チームごと

ギャラリーを併設するホテルとして、お客様に作品についてご説明する場面もたくさんあります。今は美大出身でアートに興味のあるアクターも多くいますが、開業当初は、ホテル業界でこの道何十年……という、アートとは程遠いキャリアの人が多かったんです。ですが、それはこちらの事情。アクターが作品について説明できなければ、お客様を残念な気持ちにさせてしまうことになるかもしれません。地道に、アクター一人ひとりが作品への理解を深めていけるようサポートしました。その甲斐あってか、「アートに興味がない」と公言していたアクターも、「今回の展示はアンテらしい」「自分はこの作品がよいと思う」など、当初とは逆に、いつの間にかアートを介してチーム力が高まるようになりました。

Kohei Nawa / Swell-Deer / 2010-2016 / mixed media / Courtesy of SANDWICH, Kyoto
©Nacasa & Partners Inc.

ホテル アンテルーム 京都

築23年の学生寮をコンバージョンし、2011年4月にオープンした、128室のホテルと50室のアパートメントにギャラリーやレストラン、バーを併設する新しいスタイルのホテル。2016年7月にホテルコンセプトの「常に変化する京都のアート&カルチャーの今」に「和」を加え、京都らしさとアートを楽しめるホテルに進化。アートと現在進行形の京都を切り口に、様々な発信を行う。

所在地：京都府京都市

⑤ 消費する側から、文化をつくり出す側へ
チームの一体感の仕掛け役・頼れる兄貴分

上田 祐一郎 | PUBLIE
Yuichiro Ueda | 店長

静岡県出身。大学進学と同時に横浜へ。ライブバーでのアルバイトを通じて「飲食」や「音楽」を知る。BLUE NOTE JAPAN, INC.に勤務後、まちづくりに関わりたい思いからUDSへ入社。以来4年間、神奈川県海老名市のレストラン「PUBLIE」にて勤務、店長を務める。近年は海老名市の夏祭り「扇町おもいで祭り」の実行委員も兼務。

Pattern No.11　**面で迎える** / Pattern No.22　**多業種のつながり**

PUBLIEの開業当初は周囲に飲食店はありませんでしたが、あっという間に競合店が立ち並び、いまは厳しい環境の中で日々運営しています。このような状況でどうしたら生き残れるかと考えたとき、少ないパイを奪い合うよりも、まち全体で協力して集客し、来てくれたお客様をシェアし合うようなかたちの方が合理的だと思ったんです。お客様の視点からしても、目指す店が一軒だけのところよりも、店がたくさんあって盛り上がっていて、なんだか面白そうと感じるところの方が、足を運んでみたくなるはずです。いまは「まちで集客する」という動きを実現すべく、「飲食店同士の横のつながりを強化しよう」と地域のみなさんに呼びかけているところです。将来的には、同業のつながりを多業種にまで広げていき、まちの様々な情報がPUBLIEに集まってくるようになることが理想ですね。

毎朝開店前に「YES！PUBLIE！」の掛け声とともに全員でハイタッチ。

2018年の夏祭り「扇町おもいで祭」の様子。

Pattern No.6　キャラを立てる

チームづくりにはかなり気を遣っていて、社員もアルバイトも関係なく、お店のことを自分ごととして考えられるような環境づくりを心掛けています。具体的には、小学校の当番制のように一人ひとりに「係」を任せることで、主体性を持つことができるように意識しています。そうしているうちに、彼らの顔つきや動きがいきいきとして、自分なりの工夫を加えるなど、仕事に対して前向きに取り組めるようになります。こうして一人ひとりが埋もれることなく、キャラの立った状態で働いていると、必然的にお店の雰囲気もよくなっていくんです。「このお店、なんだか楽しいな」「またあそこに行ってみようかな」と思っていただくためには、スタッフの自発性を高めるチームづくりが肝だと思っています。

Pattern No.27　みんなでつくる

ご縁があって、地域の夏祭りに実行委員として関わることになったのですが、最初の会合に出席したとき、実は大きなショックを受けたんです。というのも、他の委員のメンバーたちは、自分とほぼ同年代でありながら、自ら会社を経営するなどのリスクをとり、地域に対する熱い想いを語っていました。一方の自分は、名前の前に4つも肩書きが続き、地域への想いも自分なりに語れない……なんと守られたなかで過ごしてきたか、と思い知らされました。そこから一念発起し、本をたくさん読んで、自分なりの考えを持ち会合に参加するようになりました。地域と関わるなかで、自分自身が変わった出来事です。価値観や軸を持ち、得意分野を活かして主体的に関わっていくことにはやりがいがありますね。

PUBLIE
パブリエ

郊外型フューチャーセンター「RICOH Future House」内1階のカフェ&バーベキューダイナー。自然を感じられる場として、「木」「緑」「石」などの自然要素を空間の中で表現。「食」を中心に人が集い、それぞれの過ごし方のなかで交流が生まれ、新たな発見のある場を目指す。

所在地：神奈川県海老名市

⑥ もう、ハイヒールを履いて仕事はできない
Tシャツにスニーカーの等身大で奮闘した20代支配人

谷川 静香
Shizuka Tanigawa

ホテルマネジメント事業部
マネージャー

神奈川県出身。20歳からホテル業に従事し、リッチモンドホテルやインターコンチネンタルホテルにて勤務。旅好き・川崎市生まれということから、ON THE MARKS開業前のタイミングでUDSに入社。社員やアルバイトのトレーニングを行い、26歳で社内最年少支配人を務める。2018年10月より2店舗レベニューや運営コンサルを務める。

Pattern No.14　裏側のストーリー

　UDSは企画・設計・運営一体で取り組むプロジェクトが特徴的で、だからこそ館内にある家具ひとつとっても「なぜそうしたか」の理由があります。そんな想いの詰まった裏側のストーリーを知れるからこそ、運営チームはそれをお客様にお伝えする存在であるべきだと思うんです。例えば、ON THE MARKSのシリンダーキーには銅のキーホルダーがついていますが、何も知らなければ「重くて邪魔だ」と思うかもしれません。でも実はそれにも理由があって、川崎は製鉄業が盛んで、その文脈を汲むために、縁金具に銅や鉄が使われている家具を置いています。企画チームが考え、設計チームが実現したものを、運営チームがストーリーとして伝える。そのことで、プロジェクトの裏側のストーリーはもちろん、ホテルが根ざす地域の裏側のストーリーにもまた、光が当てられるようになるんです。

和を感じさせる壁画は、お客様と写真を撮る際のきっかけに。

定期的に開催してきた音楽ライブも、今では週1回以上に。

Pattern No.5　フレンドリー&ポライト
お客様から「帰ってきたくなる場所」「ここがなければいろいろな広がりが得られなかった」「ここを起点にして行動している」という言葉をよくいただくのですが、ありがたいなぁと思っています。そう思っていただけるのは、お客様と会話をするように心掛けているからかもしれません。「人は誰でも寂しがり屋で、しかも自分から声をかけるのは苦手な人が多いのでは？」という仮説を個人的に持っていて、ファーストコンタクトでフランクに相手を「くずす」ことを意識しています。北海道からいらしたお客様に「北海道って本当に鼻水凍るんですか？」とくだらない質問をしたことも（笑）。お客様が思わず拍子抜けしてしまうくらいの話ですが、「くだらなかったけど、そんなふうに話しかけてくれる人がいてよかったな」と思ってもらいたいですね。そうやって打ち解けた状態で滞在の期間をお過ごしいただくことで、ホテルではなく、まるで家族や友人の家に泊まりに来たときのように、安心感を持っていただけているのかもしれません。

Pattern No.20　想いの発信から / Pattern No.23　雑談からの発想
ON THE MARKSは、「音楽の街 川崎」ということに企画の段階から焦点を当てていて、それを体現できる"こと"を探していました。ホテルを訪れるお客様や地域の方々に、その想いを根気強く伝えていくうちに、徐々に音楽をやるアーティストの方々とのつながりが生まれるようになったんです。お客様や地域の方々との何気ない立ち話や雑談の中から話がつながっていき、いまでは定期的に、JAZZやDJ、アイリッシュなど様々な音楽の生ライブをレストランスペースで実施しています。

ON THE MARKS KAWASAKI
オン ザ マークス カワサキ

川崎駅近くのオフィスビルをリノベーションした、まちとつながるホテル&ホステル。旅のスタイルに合わせて選べるバンクベッド、コンパクトルーム、スタンダードルーム、3タイプの客室を用意。1階共用部のスモークダイニングでは、川崎のまちの食文化「肉」を、クラフトビールとレコードの音楽とともに楽しめる。

所在地：神奈川県川崎市

第二部

第三部

おもてなしデザイン・パターンの活用に向けて

第三部

おもてなしデザイン・パターンの活用に向けて

■おもてなしの実践の可視化と把握——経験チャート

「おもてなしデザイン・パターン」のそれぞれの観点から、自分のおもてなしの実践について振り返り、可視化すると、自分の実践の全体像を把握することができます。そのために、まずは「おもてなしデザイン・パターン」のそれぞれについて、自分が日頃実践しているかどうかをチェックしていきます。

例えば、相手の立場に立つだけでなく《相手の気持ち》になって考えられているか、「お客様」という関係性を超えて《その人への興味》を持ってやりとりをしているか、質問して引き出そうとせず《語りたくなる声かけ》ができているかなど、それぞれのパターンで言われていることを実践しているかを考えるのです（図3-1）。

A：お客様との心地よい関係性を築く	B：地域・分野の魅力を引き出す	C：地域・分野のこれからをともにつくる
2　相手の気持ち	11　面で迎える	20　想いの発信から
3　その人への興味	12　好きから入る	21　ご近所からの歓迎
4　語りたくなる声かけ	13　面白がり力	22　多業種のつながり
5　フレンドリー＆ポライト	14　裏側のストーリー	23　雑談からの発想
6　キャラを立てる	15　自分なりのおすすめ	24　外から見た良さ
7　フレッシュな心持ち	16　ローカルな楽しみ方	25　価値の増築
8　もてなされ研究	17　偶然を楽しむ余白	26　魅力の持ち寄り
9　もうひと手間	18　出会いのデザイン	27　みんなでつくる
10　チームごと	19　ひとつながりの経験	28　世界へのアピール

図3-1　おもてなしデザイン・パターン一覧

そして、振り返った結果を、次ページに掲載した経験チェック表（図3-2）に書き込んでいきます（何度もチェックしたいので、この表をコピーして、それに書き込んでいくとよいでしょう）。それぞれのパターンについて、実践していると思ったら「実践チェック」のところに「○」を書き込みます。あまり実践できていなかったり、実践しようとしていなかったりした場合には、そのまま空欄にしておきます。No.2からNo.28までチェックが終わったら、グループごとの小集計に移ります。

「おもてなしデザイン・パターン」は、実は、内容の近いパターンが3つごとにひとまとまりになって体系づけられています。例えば、2.《相手の気持ち》、3.《その人への興味》、4.《語りたくなる声かけ》は、お客様を知るための基本姿勢のグループです。同様に、すべてのパターンが、3つごとに1つのグループになるようにまとめられているのです。

3つのパターンのなかで実践しているものの数が、そのグループのスコアになります。1つ実践しているなら1ポイント、2つなら2ポイント、3つなら3ポイントということになります。そして、そのような振り返りを、すべてのパターンに対して行い、それぞれのグループのスコアを出し、「グループスコア」のところに書き込みます。

第三部

カテゴリー	グループ	パターン	実践チェック ○	グループスコア 0〜3
A：お客様との心地よい関係性を築く	お客様を知る	2. 相手の気持ち		
		3. その人への興味		
		4. 語りたくなる声かけ		
	居心地のよいホームをつくる	5. フレンドリー＆ポライト		
		6. キャラを立てる		
		7. フレッシュな心持ち		
	心に残るサービスを提供する	8. もてなされ研究		
		9. もうひと手間		
		10. チームごと		
B：地域・分野の魅力を引き出す	地域・分野を知る	11. 面で迎える		
		12. 好きから入る		
		13. 面白がリカ		
	魅力的に紹介する	14. 裏側のストーリー		
		15. 自分なりのおすすめ		
		16. ローカルな楽しみ方		
	心に残る経験をプロデュースする	17. 偶然を楽しむ余白		
		18. 出会いのデザイン		
		19. ひとつながりの経験		
C：地域・分野のこれからをともにつくる	地域・分野とつながる	20. 想いの発信から		
		21. ご近所からの歓迎		
		22. 多業種のつながり		
	新しい魅力・価値を加える	23. 雑談からの発想		
		24. 外から見た良さ		
		25. 価値の増築		
	地域・分野全体を盛り上げる	26. 魅力の持ち寄り		
		27. みんなでつくる		
		28. 世界へのアピール		

図3-2　おもてなしデザイン・パターンの経験チェック表

おもてなしデザイン・パターンの
活用に向けて

　すべてのパターンの実践チェックが終わり、各グループのスコアが算出できたら、そのスコアの結果を「経験チャート」の該当箇所にプロットしていきます（図3-3）。こちらも、下のチャートをコピーして、それに描き込んでいくことをおすすめします。グループごとに軸があるので、その軸の目盛りの0から3のなかで自分のスコアに対応するところに●印をつけていきます。そして、すべてのグループに対して印をつけ終わったら、それらの点をつなぎ、囲まれた領域に色を塗ります。

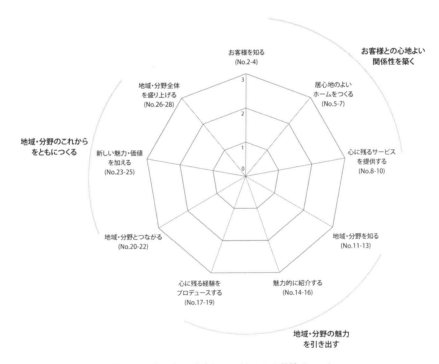

図3-3　おもてなしデザイン・パターンの経験チャート

こうして、おもてなし実践の経験チャートを描くことができます。例えば、図3-4のようなデコボコのある領域が描かれます。こうやって描かれたものが、「おもてなしデザイン・パターン」の観点で見た、現在の自分のおもてなし実践の全体像です。実践領域が外側まで広く伸びているところは、自分が多く実践している領域になります。逆にへこんでいて狭いところは自分が実践していない（できていない）領域です。

　この経験チャートを見ながら、へこんでいる領域を広げるにはどうしたらよいかを考えていきます。それぞれの軸には3つのパターンが紐づいています。つまり、そのうちのいずれか1つを実践すれば、1目盛り分、広がるわけです。そう考えながら、それぞれの「おもてなしデザイン・パターン」のページを読み直し、実践してみるようにします。このように、経験チャートは今の自分の現状を把握するだけでなく、次に取り入れてみるべきパターンが何なのかを考えるための手段となります。

おもてなしデザイン・パターンの
活用に向けて

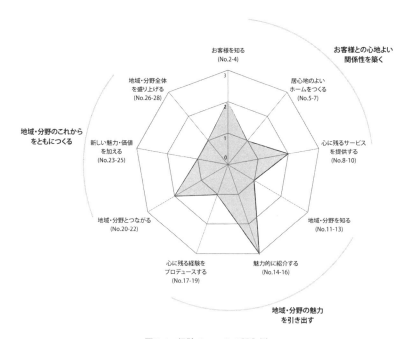

図3-4　経験チャートの記入例

　この結果を踏まえ、しばらく実践を重ねたら、再度振り返りを行い、経験チャートを描き直してみましょう。すると、自分の実践領域が広がっていることに気づくでしょう。このように、経験チャートは、自分ではつかみにくい自らの成長・変化を把握することができる手段でもあるのです。
　なお、この経験チャートは、人によって「実践あり」の基準が異なるので、単純に領域の大小で他の人との能力比較に用いることはできない、ということに注意してください。

■経験の交換と蓄積を促進する——対話ワークショップ

　第一部の [解説] のなかで、パターン・ランゲージの3つの効能の1つ目として「経験の交換・蓄積」を挙げました。ここでは、個々人が持っている成功体験を、パターン・ランゲージの語彙（ボキャブラリー）を用いることで語り合い、経験の交換と蓄積を促す対話のワークショップについて紹介します。このワークショップは、組織内での研修や交流で実施してもよいですし、お互い初対面の異業種の方が集まる場などでも実施できます。

　以下では、（1）パターン・カードを用いて経験談を語り合う、（2）経験チャートを用いて改善に向けて話し合う、という2つのやり方を紹介します。実際のシーンがイメージできるように、本書の姉妹書にあたる『プロジェクト・デザイン・パターン』とそのパターン・カード1 を用いたワークショップの写真を交えて、紹介することにします。

1　書籍は、『プロジェクト・デザイン・パターン：企画・プロデュース・新規事業に携わる人のための企画のコツ32』（井庭 崇、梶原 文生 著、翔泳社、2016年）、カードは、「プロジェクト・デザイン・パターン・カード」（クリエイティブシフトより、Amazon. co.jpにて販売：https://www.amazon.co.jp/dp/B076461V55/）。

（1）パターン・カードを用いて経験談を語り合う

対話のワークショップをより進めやすくするために、ここでは「パターン・カード」（別売り）[2] を用います（図3-5）。パターン・カードを、トランプを切る要領でシャッフルします。そして、一人あたり3〜5枚配り、残りの山を裏面が上になるように置きます。参加者は配られたカードを手に持ちます。

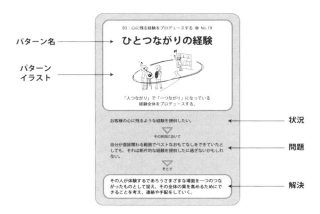

図3-5　おもてなしデザイン・パターン・カード

そして順に、手持ちのカードのなかから自分が経験したことがあるパターンを選んで、それを他の人に見せながら、その経験談を語ります。語り終わったら、そのカードを自分の前に、他の人に見える向きで置きます。同様に、次は隣の人が経験談を語り、これを繰り返します。手持ちのカードに経験したことがあるパターンがなくなった場合には、テーブルの山から1枚引いて、補充してください。

---

[2] 「おもてなしデザイン・パターン・カード」は、クリエイティブシフトより、Amazon.co.jpにて販売されます。

経験談を話すというのをしばらく回したら、手元に残っているカードは、実践していないパターンのものになるはずです。そうしたら、次のステップに進みます。
　今度は、手元に残ったもののなかで、自分が取り入れてみたいカードを選んで、場に出します。そして、そのパターンの経験者がいるかどうかを尋ねます。経験者がいればその経験談を聴きます。
　このようにすることで、パターンを介して、お互いの経験から学び合うことができるのです（図3-6）。

おもてなしデザイン・パターンの
活用に向けて

図3-6　パターン・カードを用いた対話ワークショップ

(2) 経験チャートを用いて改善に向けて話し合う

　まず、ワークショップの参加者は、経験チャートを作成し、自身の実践の傾向を把握します。そのうえで、3、4人のグループでテーブルを囲みます。各自の経験チャートを見せ合いながら、今後伸ばしていきたい方向性のパターンについて、それがどういうもので、なぜこれから伸ばしていきたいと思うのかという理由を併せて語ります（図3-7）。他の参加者は、自分の経験やアドバイスがあれば、その人に語ります。必要に応じて、適宜、書籍やパターン・カードでパターンの内容を確認しながら語り合うとよいでしょう。

図3-7　経験チャートを用いた改善のための話し合い

　いま写真で紹介した『プロジェクト・デザイン・パターン』は、「企画のコツ」をまとめたパターン・ランゲージです。私たちは、このパターンの内容をカードにした「プロジェクト・デザイン・パターン・カード」を用いて対話のワークショップを実施してきました。ワークショップへの参加者は、広告、製造業、マーケター、IT業界、医療、

鉄道、金融不動産、そして学生まで、様々な業種・分野の方々です。参加者の方からは、次のような感想が寄せられています。

「カードを使ってみると意外と話せることにびっくりした。」

「同じパターンでも人によって行動の方法が違ったり、こだわりが違ったりと、非常に面白くて参考になった。」

「全く異なる業種の人からも、自身のプロジェクトに活かせる経験を聞き出すことができた。」

「カード・ゲーム感覚で楽しく進められた。」

「自分が話せなかったことについても、これってどうですか？と他の方に聞いてみることができたので、パターン・カードは相談にも使えると思った。」

「自分は何ができていて何ができていないかを整理できた感じがした。」

「今自分がどんな経験を持っていて、どんな経験が足りていないのか、一人で振り返るよりも、自覚しやすかった。」

以上のような感想からもわかる通り、パターンを用いた対話ワークショップを実施することには、まず、普段はなかなか聞き出しにくい個人の経験を気軽に聞き出し、交換し合えるという利点があります。特に、カードという目に見えるかたちでパター

ンを共有すると、その人に向けてではなく、そのパターンについて語り合うという「共創的な対話」を引き起こしやすくなります。そして、カードには要点だけがまとめられているので、文章の解釈の仕方に厳密になりすぎることなく、様々な経験を引き出しやすくなるという利点もあります。

今回紹介した対話ワークショップ以外にも、パターン・カードは様々な活用の仕方があります。「こうしなければならない」というルールは設けていませんので、自分なりの使い方、チームで使いやすいやり方を見つけてみてください。

使い方の例：
(1) 自己分析をする：自分がこれまでに経験したことがあるパターンと未経験のパターンを分けて自己分析をします。
(2) イメージを膨らませる：これから行う行動をどのようなものにしたいのかを、カードを用いて考えます。
(3) よりよくする：取り組んでいる最中に、よりよくするためにはどうしたらよいのかを、カードを用いて考えます。
(4) 振り返りをする：実践した後に、カードを用いて振り返りを行います。
(5) 事例を研究する：優れた事例を、カードを用いて分析します。

■**今後の展開**

ここまで、「実践の経験チャートを用いた、おもてなし実践の可視化と把握」と「カードを用いた対話のワークショップによる、経験の交換と蓄積」についてご紹介

してきました。特に「経験の交換と蓄積」については、パターン・ランゲージを活用するイメージを持っていただきやすいように、実際にこれまで実施してきた事例として、姉妹編の「プロジェクト・デザイン・パターン・カード」を用いた対話ワークショップを例としてご紹介してきました。

今後は、おもてなしデザイン・パターンに関しても、同様のワークショップを行っていく予定です。またプロジェクト・デザイン・パターンについては、「LABO」という名称でビジネススクールを開講しており、おもてなしデザイン・パターンに関しても、同様のことを企画・検討しています。さらに、ホテルやレストラン、あるいは地域での旅行者の受け入れの際に、おもてなしデザイン・パターンを活かせるような研修プログラムを考案中です。開催や内容が決まればお知らせしますので、ぜひ情報をチェックしていただき、ご興味のある方はご連絡いただければと思います。（最新情報：https://www.uds-net.co.jp/）

おわりに

　本書では、創造的おもてなしの心得を「パターン・ランゲージ」という表現でまとめ、みなさんと共有しました。本書を締めくくるにあたり、なぜ私たちがこのようなアプローチをとったのかを、お話ししたいと思います。

　おもてなしは、「質」にまつわる行為・活動です。それは、「量」的なテクニックではなく、「質」を生じさせる行為・活動です。しかしながら、近代社会では「質」の概念はこぼれ落ちてしまいやすく、質に対してどのように向き合い、よりよい質をどう生じさせるのかということは、現代人の私たちには難しい問題となっています。

　作家のミヒャエル・エンデは、「質」とは何かという話のなかで、次のような示唆的なことを述べています。

「言葉ではぜったいに言い表わせない。でも、それを教えることは、できるのです。それはもっぱら『質』をもった芸術そのものにふれることによって可能になります。すぐれた芸術、すぐれた文学、すぐれた音楽……これにふれて、ふれて、ふれぬくことによって『質』の知覚が生まれます。『質』と『質』との微妙な差異を感じわける力も、人間のなかにめざめさせ、みがきあげることができます。」（子安美和子、『エンデと語る：作品・半生・世界観』、朝日新聞社、1986年より）

　そして、質を教えるには、対象の質と同じくらいの「質によって質を語る」ことが大切だと述べています。つまり、あるすぐれた絵について語る場合には、「その語っているやりかたが、対象である絵と同等の質をもつことによってのみ、その絵の質の高さを言い表わすことができる」というわけです。

おわりに

　ここに、私たちが本書で、おもてなしという質的な行為・活動を、パターン・ランゲージという形式で表現した理由があります。パターン・ランゲージは、一見すると、問題発見・解決のフレームワークで、近代の合理主義的な思考に基づく記述形式のように思えるかもしれませんが、実際には、物事の「理（ことわり）」を捉えながらも、その表現には「詩的（ポエティック）」な面も併せ持っているという特徴があります。パターン・ランゲージは、「新しいジャンルの文学」であるとも言われており、パターン・ランゲージの分野には、実際に詩を詠む人たちもいます。

　パターン・ランゲージは、そのようなつくり込みをすることで、「質」を宿すことができる表現形式なのです。私たちも本書で、質が宿るようにつくり込みました。ですので、そのような面も、読者のみなさんに味わっていただけたら幸いです。

　さらに、もうひとつ、パターン・ランゲージが「言語」であることから、「質によって質を語る」ことを可能にするという面があります。本書ですでに紹介したように、パターン・ランゲージは実践者たちが自らの経験談を語り合うための対話のメディアになります。「パターン名」（おもてなしの心得を表す言葉）は、おもてなしについて語るための「新しいボキャブラリー」となります。

　その意味で、本書は単に読むだけのものではなく、このパターン名の言葉を用いて、自分たちの実践について語り合ったり、こだわりや理想を語り合ったりすることができるようになるためのポジティブな用語集でもあるのです。その言葉を用いることで、いきいきとした質を持って、自分たちの実践や想いを、語り合うことができるのです。これが「質によって質を語る」というもうひとつの方向性です。

　ぜひ、みなさんには、この「おもてなしデザイン・パターン」の言葉を用いて、おもてなしについて語り、おもてなしの「質」を周囲に増やしていくこと、世界をより

おわりに

居心地のよい場所にしていくことに進んでいただければと思います。

　本書をきっかけとして、みなさんの「創造的おもてなし」がよりよい未来へとつながっていくことを願っています。

井庭 崇

著者プロフィール

パターン制作・監修

井庭 崇 (いば たかし)

慶應義塾大学総合政策学部 教授。博士（政策・メディア）。専門は、創造実践学、パターン・ランゲージ、システム理論。編著書・共著書に『複雑系入門』(1998)、『社会システム理論』(2011)、『パターン・ランゲージ』(2013)、『プレゼンテーション・パターン』(2013：2013年度グッドデザイン賞受賞)、『旅のことば 認知症とともによりよく生きるためのヒント』(2015：オレンジアクト認知症フレンドリーアワード2015大賞、2015年グッドデザイン賞受賞)、『プロジェクト・デザイン・パターン』(2016)、『対話のことば』(2018)、『クリエイティブ・ラーニング』(2019) など。他にも、「ラーニング・パターン」や「コラボレーション・パターン」、「アクティブ・ラーニング・パターン《教師編》」、「未来の自分をつくる場所：進路を考えるためのパターン・ランゲージ」、「Life with Reading―読書の秘訣」、「サバイバル・ランゲージ」などの作成も手がけている。2012年には、NHK Eテレ「スーパープレゼンテーション」で「アイデアの伝え方」の解説を担当。

企画・プロデュース

中川 敬文 (なかがわ けいぶん)

UDS株式会社　代表取締役社長。1967年3月生まれ、東京都出身。関西学院大学卒。株式会社ポーラ、株式会社オーディーエスを経て1993年より家族で新潟県上越市に移住し、地元企業主導の大規模商業施設を企画開発、運営。1999年株式会社都市デザインシステム（現UDS）入社。「キッザニア東京」「INBOUND LEAGUE」「ここ滋賀」「神保町ブックセンター with Iwanami books」等を企画・コーディネイト。現在、鹿児島県薩摩川内市、滋賀県近江八幡市・米原市、宮崎県都農町、長野県佐久穂町等の地方の市町村にて新しい場づくり、事業開発を担当。社内では、全社員の採用と年2回の個別面談を継続し、個人のやりたいことと強みにフォーカスしたマネジメントを実践。
Blog: http://likework.blog.jp/

本書内容に関するお問い合わせについて

このたびは翔泳社の書籍をお買い上げいただき、誠にありがとうございます。弊社では、読者の皆様からのお問い合わせに適切に対応させていただくため、以下のガイドラインへのご協力をお願い致しております。下記項目をお読みいただき、手順に従ってお問い合わせください。

● ご質問される前に

弊社Webサイトの「正誤表」をご参照ください。これまでに判明した正誤や追加情報を掲載しています。

　　正誤表　https://www.shoeisha.co.jp/book/errata/

● ご質問方法

弊社Webサイトの「書籍に関するお問い合わせ」をご利用ください。

　　書籍に関するお問い合わせ　https://www.shoeisha.co.jp/book/qa/

インターネットをご利用でない場合は、FAXまたは郵便にて、下記"翔泳社 愛読者サービスセンター"までお問い合わせください。
電話でのご質問は、お受けしておりません。

● 回答について

回答は、ご質問いただいた手段によってご返事申し上げます。ご質問の内容によっては、回答に数日ないしはそれ以上の期間を要する場合があります。

● ご質問に際してのご注意

本書の対象を越えるもの、記述個所を特定されないもの、また読者固有の環境に起因するご質問等にはお答えできませんので、予めご了承ください。

● 郵便物送付先およびFAX番号

　　送付先住所　〒160-0006　東京都新宿区舟町5
　　FAX番号　　03-5362-3818
　　宛先　　　　（株）翔泳社 愛読者サービスセンター

※本書に記載されたURL等は予告なく変更される場合があります。
※本書の出版にあたっては正確な記述につとめましたが、著者や出版社などのいずれも、本書の内容に対してなんらかの保証をするものではなく、内容やサンプルに基づくいかなる運用結果に関してもいっさいの責任を負いません。
※本書に掲載されているサンプルプログラムやスクリプト、および実行結果を記した画面イメージなどは、特定の設定に基づいた環境にて再現される一例です。
※本書に記載されている会社名、製品名はそれぞれ各社の商標および登録商標です。

協　　　　力：慶應義塾大学SFC井庭崇研究室, UDS株式会社

パターン作成：慶應義塾大学SFC 井庭崇研究室
　　　　　　　（井庭 崇、鎌田 安里紗、李 南赫、鈴木 峻平、
　　　　　　　　村上 航、沢藤 なつみ、梅若 美和音、平林 芽依）

英語パターン名：吉川 文夏、伊作 太一、井庭 崇（井庭崇研究室）

装丁デザイン：櫻井 祐太朗（UDS株式会社）

編集・イラスト：原澤 香織（UDS株式会社）

Editorial & Design by Little Wing

おもてなしデザイン・パターン
インバウンド時代を生き抜くための
「創造的おもてなし」の心得28

2019年2月28日　初版第1刷発行
2024年7月10日　初版第3刷発行

著　　者　井庭 崇, 中川 敬文
発　行　人　佐々木 幹夫
発　行　所　株式会社翔泳社（https://www.shoeisha.co.jp）
印　刷　所　TOPPAN株式会社

©Takashi Iba & Keibun Nakagawa

本書は著作権法上の保護を受けています。本書の一部または全部について（ソフトウェアおよびプログラムを含む）、株式会社翔泳社から文書による許諾を得ずに、いかなる方法においても無断で複写、複製することは禁じられています。本書へのお問い合わせについては、175ページに記載の内容をお読みください。落丁・乱丁はお取り替えいたします。03-5362-3705までご連絡ください。

ISBN978-4-7981-6130-3

Printed in Japan